늘어진 기분을 단숨에 바꾸는

'작은 습관, 루틴'

For a successful life.
routine action are essential.

오히라 노부타카, 오히라 아사코 지음
장나무별, 장영준 옮김

늘어진 기분을 단숨에 바꾸는

'작은 습관, 루틴'

초판 1쇄 발행 2019년 2월 1일

지 은 이　오히라 노부타카, 오히라 아사코 지음
옮 긴 이　장나무별, 장영준
발 행 인　권선복
편　　집　전재진
디 자 인　서보미
전 자 책　서보미
발 행 처　도서출판 행복에너지
출판등록　제315-2011-000035호
주　　소　(07679) 서울특별시 강서구 화곡로 232
전　　화　0505-613-6133
팩　　스　0303-0799-1560
홈페이지　www.happybook.or.kr
이 메 일　ksbdata@daum.net

값 15,000원
ISBN　979-11-5602-688-4　03190

Copyright ⓒ 장나무별, 장영준, 2019

'하기는 해야 하는데'라고 생각은 하고 있으면서도
곧바로 업무를 시작하지 못하는 모든 분들에게

추천사

방민우 | 한의학 박사

특별히 심각한 질환은 없지만, 오늘부터 건강을 챙기기 위해 한의원 진료실을 찾았다는 환자분들이 종종 계십니다. 의학적으로는 예방의학에 속할 터이지만, 이 책에서 소개된 루틴을 실천하시는 사례가 아닐까 싶습니다.

저는 개인적으로는 환자를 대하는 일상을 통해 자연스레 '사람에게 행복은 무엇인가'를 끊임없이 묻곤 합니다. 요즘 유행하는 소확행이란, 확실한 행복을 위해 과감하게 일탈하는 것을 의미합니다. 문화적 트렌드로 자리 잡은 만큼 대부분 각자 한 번쯤 해보셨으리라 생각합니다. 소비자들이 다람쥐 쳇바퀴 같은 일상을 벗어나고 싶은 마음, 벗어난 그 순간의 행복을 느끼게 하는 것은 이제 기업들의 마케팅 기법으로 발전하였습니다.

하지만 문제는 소확행 이후에도 인생의 무기력함은 여전

히 남아있다는 점입니다. 나만의 루틴을 장착하여 끊임없이 행복을 찾는 고민해봐야 합니다. 나만의 루틴은 스스로를 자각하고 느낄 수 있는 기회를 줄 것이며, 내가 내 인생의 주인공으로 우뚝 설 수 있는 발판을 마련해 줄 것입니다. 특히 뇌과학에 기초한 실천적이고 구체적인 방법을 50가지로 제시하고 있어서 더욱 도움이 됩니다.

밤잠 못 자며 입시 준비에 지친 수험생, 무한 반복되는 살림에 지친 전업주부, 워라밸은 꿈도 못 꾸는 회사원 등 모두에게 개선 방법을 구체적으로 제시하고 있다는 점에서 꼭 한 번 읽어보시길 권합니다. 그리고 일상의 『작은 습관, 루틴』을 통해 여러분의 행복 세로토닌이 넘쳐나기를 기원합니다.

추천사

와타나베 미카^{Mika Watanabe} | 물방울나눔회 회장

일본에서 성장하고 한국 사회에서 수십 년 동안 지내다 보니, 한국과 일본 사회가 얼마나 닮아 있는지 새삼 깨닫게 됩니다. 그리고 서로의 장점을 잘 활용하면 두 사회가 얼마나 더 발전하고 상생을 이룰 수 있는지도 더욱 절실하게 느낍니다.

보통 한국인들은 일본을 과거 80년대까지 한국이 국가 발전의 롤모델로 삼던 시절 생각만 하고 평생직장, 종신고용이라는 시스템을 통해 일본의 직장생활을 이해하려는 사람들이 있습니다. 하지만 현재에는 일본에서도 급격한 산업구조의 재편으로 평생직장의 개념은 이미 사라졌으며, 직장인들은 너 나 할 것 없이 잦은 이직, 업무로 인한 스트레스와 경쟁구도 속에 시달리고 있습니다. 『작은 습관, 루틴』은 바로 이러한 무한 경쟁 체제의 사회구조 속에서 사람들이 스트레스의 크기를 감당할 수 있는 수준으로 최소화하고, 빠르게 업무를 처리해 평온한 일상으로 돌아가고자 하는 노력의 산물로 보입니다.

저자 오히라 노부타카, 오히라 아사코 부부는 일본 내에서 이미 아들러의 심리학과 뇌 과학을 활용해 스포츠, 기업 활동 등 다양한 분야에서 혁혁한 성과를 낸 분들로 유명하며, 베스트셀러 작가이기도 합니다. 일본 사회에서 보여준 '작지만 혁신적인' 이런 성과들이 한국에 하나씩 소개될 때마다 개인적으로도 기쁘기 그지없습니다.

이 책 『작은 습관, 루틴』에 소개된 50가지의 루틴은 어찌 보면 특히 현대화된 4차 산업사회를 살아가는 한국과 일본의 젊은이들이 스트레스를 받지 않고 행복한 미래를 추구할 수 있도록, 업무의 과부하를 줄여주는 비법이라고도 하겠습니다. 이 비법이 독자 여러분의 삶 속에 녹아들어 온전하게 루틴으로 정착되길 기원하며, 구성원 하나하나가 모두 행복한, 더욱 성숙한 한국 사회가 실현되기를 소망합니다.

◯ 하고자 하는 마음은 있으나
기분이 늘어져 할 일을 시작 못 하는 이유

이 책은 뇌 과학이나 심리학에 근거한 '루틴^{routine}'이라고 불리는 간단한 습관으로, '늘어진 기분을 단숨에 바꾸어, 언제라도 업무 모드로 들어갈 수 있는 방법'을 설명한 책입니다.

그렇게 좋은 이야기가 있을 리 없다고 생각하는 분들도 있을지 모르겠습니다. 왜냐하면 비즈니스맨 중에 많은 분들이 가능하면 스트레스가 적고, 기분 좋게, 또 깔끔하게 일을 끝내고 싶다고 생각은 하고 있으나 현실은 그렇지 않기 때문입니다.

• 휴일 동안에 산더미처럼 쌓인 메일을 보고, 좀처럼 답장을 해줄 기분이 나지 않는다.
• 상사에게 고래고래 야단맞은 후에는, 잠시 동안 아무런 업무도

손에 잡히지 않는다.

- 어디부터 손을 대야 좋을지 모르겠고, 기획서 작성이 더 이상 진전되지 않는다.

- 눈앞의 일에 급급하여, 앞이 보이지 않아 일할 의욕이 상실되어 있다.

- 마감 전에 끝내야 할 업무가 좀처럼 진도가 나가지 않아 초조해져서 괴로워하고 있다.

지금까지 이런 경험은 없었습니까?

안심하십시오. 그러한 당신에게야말로 부디 이 책의 일독을 권하고 싶습니다.

기분이 늘어져 무기력해지는 것은 절대로 당신의 잘못이 아닙니다.

당신이 축 늘어져 의욕이 사라져 버리는 데에는 확실한 이유가 있는 것입니다.

실은 당신이 '컨트롤제어할 수 없는 것을 컨트롤하려고 하는 것'에서 정신적으로 피곤해지기도 하고, 마음에 상처를 받아서 일이 순조롭게 되지 않는 것입니다.

이것을 오스트리아의 정신의학자인 아들러^{Alfred W. Adler}[1]가 창시한 개인심리학인 '아들러 심리학'에서는 '과제의 분리'라고 합니다. 당신이 컨트롤할 수 있는 것은 당신의 과제로서 삼고, 상대방만이 컨트롤할 수 있는 것은 상대방의 과제로 삼는다. 이와 같이 경계선을 확실하게 긋는다면, 당신이 구체적으로 해야 할 일이 명확해지는 것입니다.

우리들이 컨트롤할 수 없는 것은 무엇인가?
반대로, 컨트롤 가능한 것은 무엇인가?
그것을 알면 느슨해지기 쉬운 우리들도 '대책'을 세울 수가 있습니다.

◯ 일류 운동선수가 실천하는 '루틴'을 업무에 활용한다

그래서 권하는 것이 바로 '루틴'입니다. '루틴'이란 말을 잘 모르시는 분도, 럭비의 고로마루五郎丸 선수가 공을 차기 전에 하는 일련의 행동이나, 야구의 이치로鈴木一朗 선수가 타석에 들어갈 때 하는 행동을 떠올리신다면 짐작이

....

1   오스트리아의 정신의학자. '개인심리학'을 수립하였으며, 인간의 행동과 발달을 결정하는 것은 인간 존재의 보편적인 열등감·무력감과 이를 보상, 또는 극복하려는 권력에의 의지, 즉 열등감에 대한 보상욕구라고 생각하였다. — 옮긴이 주

프롤로그

가실지도 모르겠습니다. 일류 운동선수가 집중력을 발휘하기 위하여 행하는 일련의 행동Action=Routine을, 우리들 비즈니스맨에게도 도입하는 것입니다.

이 책에서는 구체적인 상황에 맞추어 소위 '업무 루틴' 50개를 소개하고자 합니다. 각각의 루틴은 길어도 1분 이내에 할 수 있는 것입니다. 출근 도중, 메일에 답할 때, 기획서를 작성하기 전 등등 루틴을 실행하기만 하면, 느슨해진 기분을 털고 업무에 집중할 수 있는 마음의 상태로 들어갈 수 있습니다.

이렇게 설명하면 '루틴은 극히 일부 일류 운동선수만의 것', '자기만의 루틴을 고안한다는 것은 어려울 것 같으므로 나하고는 관계없다'고 생각하는 분도 있을지 모르겠습니다. 확실히, 여러분의 업무 스타일에 맞추어 본격적인 '오더 메이드Order made'의 루틴을 만드는 것은 여간 어려운 일이 아닙니다.

하지만 양복에도 '기성품'이 있는 것처럼, 루틴에도 이미 완성되어 있어서 바로 이용할 수 있는 것이 있습니다. 이 책에서는 비즈니스에서 많이 접하는 공통적인 상황에서 누구라도 바로 사용할 수 있는 50개의 루틴을 정리해놓았습니다.

◯ 누구든 자신도 모르게 '루틴'을 활용하고 있다

'루틴'이라고 하면 지금부터 새롭게 도입하는 것으로 여기는 분도 있을 것이라고 생각합니다. 그러나 실은 우리들이 그것을 인지 못 하고 행하고 있는 '루틴'도 있습니다. 대표적인 것이 '승리의 옷'입니다.

절대로 실패해서는 안 되는 발표나 중요한 상담 등, '바로 이때야'라고 할 때 승리의 옷의 도움을 받은 적이 없습니까? 예를 들면, 붉은 넥타이, 좋아하는 액세서리, 한 단계 고급의 셔츠나 잘 빼입은 양복 등 말입니다.

이와 같은 승리의 옷을 입으면 전투 준비태세가 완비되어 '좋아, 해보자!'라고 하는 스위치가 켜집니다. 미리 정해 놓은 옷을 입음으로써 '바로 이때야'라는 장면을 향해, 몸과 마음이 함께 준비하고 있는 것입니다. 그 효과로 발표나 상담이 매끄럽게 시작되고 또 성공률도 높아집니다.

'승리의 옷'도 루틴의 한 종류

다만 승리의 옷이라는 루틴이 있다고 해서 언제나 업무 결과가 좋은 것은 아닙니다. 최선을 다한다고 해서 항상 시합에서 승리하지는 못하는 것과 같습니다. 그런데 '내일의 상담에서 계약을 성사시키고 싶기 때문에 카츠동을 먹는다'는 것 등은 '징험 기대'라고 합니다. '징험 기대'는 지금부터 행하는 것이 좋은 결과가 되도록 기원하는 의미가 포함된 행동입니다.

루틴은 실제 현장에서 실력을 발휘하기 위한 합리적인 수단입니다. '징험 기대'와 루틴은 얼핏 보면 비슷한 행위이지만 전혀 다른 것입니다.

승리의 옷의 효과는 북경 올림픽에서 6위로 입상한 양궁Archery 일본대표 모리야守屋龍一 선수의 협력으로 실험되었으며 TV 프로그램에서도 검증되었습니다. 모리야 선수가 시합에서 입는 승리의 옷은 검은 언더셔츠와 흰 구두였습니다. 그리고 색깔만 다른 거의 같은 셔츠와 구두를 착용하여 정식 시합과 같은 압박감 속에서 경기를 하여 승리의 옷의 결과와 비교해 보았습니다.

먼저 승리의 옷을 입고 도전한 결과, 보란 듯이 5발 모두 성공했습니다. 그런데 다른 옷을 입고서는 나머지 5발로 도전했으나 첫 번째 화살이 빗나가고 말았습니다. 이것은 승리의 옷이 무거운 압박감 속에서 위력을 발휘한다는 것을 증명하고 있습니다.

어째서 무거운 압박감 속에서 유독 승리의 옷이라는 루틴은 위력을 발휘하는 것일까요. 그것은 매회, 같은 복장을 함으로써 불안이나 긴장을 줄일 수 있는 효과가 있기 때문입니다. 누구라도 자신에게 자신감을 준다든지, 침착하게 한다든지, 마음에 드는 옷이 있는 것처럼, 우리들도 이미 무의식적으로 루틴을 많이 활용하고 있습니다.

루틴은 특별한 일부의 사람을 위한 '의식'이 아닙니다. 뇌 과학이나 심리학에 근거한 '기술'인 것입니다. 기술이기 때문에 누구라도 요령을 알면 활용할 수 있게 됩니다. 또한 이 루틴을 몸에 익히기 위해서는 돈도 도구도 필요하지 않습니다. 루틴은 여러분이 지금 당장 실천할 수 있는 간단한 기술인 것입니다.

◯ '루틴'으로 언제라도 '업무 모드'로

이 책은 3부로 구성되어 있으며, STEP 1은 '당신이 늘어진 기분이 되어 버린 이유', STEP 2는 '효과적인 루틴 50', STEP 3은 '루틴을 몸에 익힌 후, 어떻게 할 것인가'에 대한 것입니다.

STEP 1을 읽으면 루틴이 효과적인 이유를 보다 잘 이해할 수 있으나, 당장이라도 의욕을 내고 싶은 분은 STEP 2부터 읽고 바로 구체적인 루틴을 배워도 괜찮습니다.

자기소개가 늦어졌습니다.

저, 오히라 노부타카大平信孝는 목표실현 전문가로서 5,500명 이상의 사람들의 꿈을 실현하도록 조력해 왔습니다. 런던 올림픽 출전선수의 정신적인 힘을 기르도록 도왔고, 일본 마장마술부 2년 종합우승을 서포트한 경험이 있으며, 이런 면에서 얻은 지식과 지금까지 공부한 아

들러 심리학, 뇌 과학을 살려서 효과적인 루틴을 고안해
왔습니다.

이 책은 업무상에서도 최고의 파트너인 아내 아사코朝子
와 이론의 구축, 집필을 함께했습니다. 아내는 문제해결
의 전문가로서 여성경영자의 정신적인 힘과 비즈니스 구
축의 상담자이자, 제가 주최하는 코칭스쿨의 강사를 역임
하고 있으며, 지금까지 2,300명 이상의 사람들을 서포트
하고 있습니다.

남성뿐만 아니라 여성들도 활용할 수 있는 루틴에 대하여
집필하기 위해서는 아내의 존재가 반드시 필요했습니다. 그
와 같은 공동 작업으로 집필한 책이기에 특별한 경우를
제외하고는, '저'라는 주어를 사용하고 있습니다.

보통의 운동선수는 연습이나 시합 당일에만 루틴을 활용
하고 있습니다. 그러나 최상급에 속하는 일류 운동선수는,
일상생활에도 루틴을 적용하고 있습니다.

이 책은 일상생활에서부터 계획적, 지속적으로 루틴을
활용할 수 있는 내용을 담았습니다. 언제 어디에서도, 원
할 때에 '업무 모드'에 들어가기 위한 무기가 될 것입니다.

이 책을 읽는 여러분들이, 언제든지 단숨에 '업무 모드'
에 들어갈 수 있는 루틴을 손에 넣고, 생기가 넘치는 나날
을 보낼 수 있다면 대단히 기쁘겠습니다.

오히라 노부타카, 오히라 아사코

CONTENTS

**For a successful life,
routine actions are essential.**

CONTENTS

STEP 1
무기력한 일상을 바꾸는 '루틴'

STEP 2
어느 때라도 '업무 모드'에 들어갈 수 있는 50개의 루틴

ROUTINE 1~16 : [완화]

ROUTINE 17~39 : [전환]

ROUTINE 40~50 : [강화]

STEP 3
루틴을 계속하면 인생은 반드시 호전된다

무기력한 일상을 바꾸는

'루틴'

Routine actions makes a
difference
in your daily output.

'컨트롤 되지 않는 일에 매달리기'를 관두자

　　　프롤로그에서 당신이 축 늘어지고 무기력해져 버리는 데는 이유가 있다고 말했습니다. 느슨해지고, 의욕이 없어지고, 일이 손에 잡히지 않는 것은 당신의 의지가 약해서도, 능력이 없어서도 아닙니다. 하물며 당신이 쓸모가 없어서도 아닙니다.

　적어도, 이 책을 손에 쥔 당신은, '자신을 변화시키고 싶다'고 생각하고 있을 것입니다. 당신이 무기력해지고 싶어서 무기력해진 것이 아닐 것입니다.

　우리들이 의욕을 잃고, 일이 더 이상 진전이 없는 최대의 원인은, 자신이 컨트롤할 수 없는 것에 집착하기 때문입니다. 실은 '컨트롤 되지 않는 것 = 자신이 결과를 좌우할 수 없는 것'을 하려고 하기 때문에 행동할 수 없는 것입니다.

예를 들면, 내일까지 종결지어야 할 업무인데도 상대방으로부터 답장을 기다리고 있다든지, 동료의 보고서를 기다리거나 상사의 결재를 기다리는 등으로 업무가 더 이상 진행되지 않게 되어 버리는 일이 있습니다. 상대로부터 답장이나 정보가 없으면, 더 이상 일이 진행되지 않습니다. 이런 경우에, 당신이라면 어떻게 하겠습니까?

대부분의 경우 사소한 것이 계기가 되어 '답장이 없으면 일이 진행되지 않는다. 어쩔 수 없다'라든가, '이미 기한이 넘었는데도, 답장을 주지 않는다. 곤란한데….'라는 식으로 일할 의욕이 사라지고 무기력해져 버립니다.

사실은 상대방에게 마감일을 확인시키고, 재촉하고, 다른 업무를 먼저 끝내 버리든지, 얼마든지 다른 일을 할 수 있습니다. 또 정말로 시간 내로 되지 않을 것 같으면, 자신의 업무마감을 연기한다든지 잔업이나 철야를 각오하고 준비한다든지 할 수도 있습니다.

그러나 우리들은 '상대방으로부터 답장이 없다'라는 한 가지 사실에 사로잡혀 버리고야 맙니다. 그렇게 되면 특별하게 무기력해지고 싶은 것이 아니라도 기운이 빠져 버려, 업무가 진행되지 않게 됩니다.

실제로 우리들의 업무는 '생각대로 진행되지 않은 것' 투성이입니다.

예를 들면, 일단 회사에 들어가면 업무내용이나 근무시간, 근무 장소를 선택할 여지는 거의 없습니다. 사장, 상사, 선배, 동료, 부하, 고객을 선택할 수도 없습니다. 출근일이나 휴식시간 등도 자신이 선택하기가 어렵습니다.

또 업무의 마감, 영업의 할당량Norma, 상사의 안달복달, 부하의 지각하는 버릇, 동료의 업무능력, 상품이나 서비스의 품질 등도 자신이 컨트롤할 수 없습니다. 어찌할 수 없는 상사의 밑에서 일을 하지 않으면 안 되는 경우도 있으며, 직장의 인간관계로 고생하는 경우도 있습니다.

그럴 때 자신이 컨트롤할 수 없는 것, 자신이 결정할 수 없는 것에 사로잡히면 행동할 수 없게 됩니다. 아무리 노력을 해도, 자신이 변화시킬 수 없는 것은 변화시킬 수가 없기 때문에, 일하고 싶은 기분도 사라지고 무기력해질 수밖에 없게 되어 버립니다.

만약, 당신이 원하지도 않는데 업무상 느슨해지고 무기력해져 버렸을 때는, 먼저 '컨트롤 가능한 영역에 초점을 맞추어 보십시오.'

전술한 바와 같이, 이것을 아들러 심리학에서는 '과제의 분리'라고 합니다. 당신은 당신이 컨트롤할 수 있는 것에만 집중하면 됩니다. 상대방만이 컨트롤 가능한 것은 상대방의 과제로 돌립니다.

이와 같이 경계선을 그음으로써 당신이 구체적으로 해야 할 일이 명확해집니다.

우리들이 '컨트롤할 수 있는 것' (1) 행동

　　　그렇다면 우리들이 업무상 컨트롤할 수 있는 것, 즉 자신의 생각대로 되는 것은 무엇인가.

우선은 '행동'입니다. 예를 들면, 어떤 일부터 시작할지 일의 우선순위를 정하거나 보고, 연락, 상담을 하는 경우의 타이밍 등은 컨트롤할 수 있습니다. 어떤 의식으로 일을 시작하고, 업무를 통해 무엇을 얻고 싶은가도 당신이 선택할 수 있습니다. 상사의 지시에 대하여 어떻게 받아들이고, 어떻게 행동할 것인가 하는 것도 당신이 선택할 수 있습니다. 특히 화장실에 가서 잠시 휴식을 취하는 타이밍, 책상 위에 올려놓는 것_{책상 주위의 업무환경}도 당신의 자유입니다. 컨트롤할 수 있는 행동에 초점을 맞춥니다.

아주 간단한 생각인 것 같으나, 막상 하려고 하면 여간해서 실천되지 않는 것도 사실입니다. 예를 들면, 읽지 않은 메일이 수십 통 쌓여 버리면 1통씩 답장하는 것이 대단한 일은 아니라도, 어디서부터 손을 대어야 할지 잘 모를 때가 있습니다. 또 답장이 필요한 메일이 1통뿐이라고 하더라도, 상사나 동료의 의견 등을 확인하지 않으면 안 될 안건에 대해서는 더 이상 업무가 진척되지 않습니다.

그럴 때는 갑자기 답장부터 하려 하지 말고, 우선 답장 키를 눌러서 최초의 1행을 적어봅니다. 이와 같이 '업무의 덩어리Junk, 塊를 작게 합니다.' 이렇게 행동의 장애물 Huddle을 작게 만드는 습관을 지니고 있으면, 만일의 경우에 '사고 정지' 상태가 되지 않고 끝날 수 있습니다.

행동을 컨트롤하는 방법의 한 예인, 덩어리를 작게 하는 루틴습관에 대해서는 STEP 2의 ROUTINE 4 등에서 소개합니다.

우리들이 '컨트롤할 수 있는 것' (2) 마음가짐

　　다음은 '마음가짐'입니다. 이것은 "'긴장'을 어떻게 컨트롤할 것인가"라고 말할 수도 있겠습니다. 우리들이 의욕을 상실하거나 일이 더 이상 진행되지 않는 등의 요인 중 하나는, 지나치게 긴장을 하든가 반대로 너무 이완되기 때문입니다.

　보다 더 간단하게 말하면 사람이 일에 집중하기 위해서는 '적당한 긴장'이 필요합니다. 너무 몰아쳐도, 너무 느슨해져도, 우리들은 일에 집중할 수가 없습니다.

　예를 들면, 단순작업의 경우 실수를 해도 누구에게도 민폐를 끼치지 않습니다. 작업의 할당량이 전혀 없고, 하든 하지 않든 급료에는 변함이 없습니다. 직장환경 내에서 상사의 부재가 잦고 동료와는 친구 같은 관계인 경우 긴장이 너무 풀려서 업무에 집중하기 어렵고, 또 생각처럼 성과도 올라가지 않습니다.

반대로 장시간 잔업을 강요당하고 마감 직전의 긴박한 상태에서 절대로 실수나 실패가 용서될 수 없는 대형 안건이 주어졌다고 가정해 봅시다. 자신의 능력이나 경험 이상의 어려운 업무임에도 사원 간의 경쟁이 치열하고 회사 내에 상담할 상대도 내 편을 들어 줄 사람도 없는 경우에는 초조, 불안, 노여움 등으로 과도한 긴장 상태가 되고 업무에 집중할 수 없게 됩니다.

착실하고 책임감이 강한 사람일수록 과도하게 긴장하기 마련입니다. 중요한 일을 앞에 두고 마음의 여유를 갖는다는 것을 성실하지 못하다고 생각하고, 어떤 경우에도 진지하게 있으려고 합니다. 확실히 업무상 근면한 것은 중요하다고 생각합니다. 그렇지만 지나치게 긴장하면 너무 무리하게 힘을 쓰거나 초조해져서 울컥하고 화가 치밀어 올라, 도리어 일이 진행되지 않습니다. 또 그럴 때는 유연한 아이디어도 나오기 어렵게 됩니다. 슬럼프에 빠질 때도, 과도한 긴장 탓에 자신도 모르게 조금씩 악순환의 소용돌이 속으로 빠져 버리는 패턴이 많습니다.

이상적인 것은 적당한 긴장입니다. 잘나가는 벤처 기업 등이 그렇듯이 스태프의 의지가 높고, 한 사람 한 사람의 의욕이나 정열이 느껴지는 회사는 결과도 함께 따른다고 생각합니다. 결국 '긴장이 너무 풀려 버린 상태의 사람은 압력을 조금 더 가하고, 부하가 너무 걸려 있는 사람은 긴

무기력한 일상을 바꾸는 루틴

장을 조금 풀면 좋다'는 것입니다. 계속해서 성과를 올리고 있는 사람은, 적당한 긴장을 유지하기 위하여 긴장을 능숙하게 조절하고 있는 사람입니다.

긴장을 컨트롤하는 3개의 스위치

'적당한 긴장'을 유지하기 위해서는 구체적으로 어떻게 하면 좋을 것인가? 적당한 긴장을 유지하기 위한 수단은 3가지가 있습니다. 저는 이것을 '긴장 스위치'라고 부르고 있습니다. 다음에 예로 드는 '3개의 긴장 스위치' 가운데 어느 1개를 넣기만 하면, 적당한 긴장 상태를 만들 수 있습니다.

(1) 긴장을 완화하다 (완화)
(2) 기분을 전환하다 (전환)
(3) 긴장을 강화하다 (강화)

적당한 긴장을 유지하기 위해서는 '3개의 긴장 스위치' 가운데 어느 것을 실행하면 좋을까?

알기 쉽게 이 책의 STEP 2에서 소개하는 루틴에는 '완화, 강화, 전환'을 명기하였습니다.

3개의 긴장 스위치

① 완화

② 전환

③ 강화

당신도 루틴을 활용하여 필요할 때는 집중력을 쑥 올려서, 본래의 역량을 발휘할 수 있다면 좋겠다고 생각하지 않습니까?

보다 현실적인 이야기를 하자면 무기력한 상태에 빠져버렸을 때나 그러한 상태에 빠질 것 같은 때에, 루틴을 사용하여 언제라도 단숨에 '업무 모드'로 전환한다면, 지금보다도 훨씬 부드럽고 기분 좋게 업무에 임할 수가 있습니다.

업무상 당신이 컨트롤할 수 없는 것에 대해서는 제쳐두고, 주도권을 발휘하여야 할 때 무기력하지 않도록 루틴을 활용한다.

이것이야말로 이 책이 노리는 바입니다.

당신의 뇌는 '루틴'으로 변화한다!

　　　자신도 모르게 무기력해지는 자신을 변화시키고는 싶으나, 여간해서 변화시킬 수 없는 이유는 뇌의 구조가 그렇게 되어 있기 때문입니다. 변화를 두려워하고 있는 것은 당신이 아니고, 당신의 뇌인 것입니다. 뇌는 '변화를 싫어한다'라는 방어본능을 갖고 있어서, 새로운 것이나 어려운 것보다는 지금까지 목숨을 부지해 온 현상유지가 좋다고 생각합니다.

생명유지를 위해서는 가능한 한 변화를 피하는 것이 좋다.
새로운 행동을 할까, 하지 말까 주저할 때에는 행동하지 않는 것이 안전하다.

　　이와 같이 판단하는 뇌의 방어본능이 우리들에게 있습니다. 예를 들면, 원래 출발이 늦고 시동이 걸릴 때까지

2~3시간 걸리는 사람이 갑자기 아침 5시에 일어나 활동을 하려고 하면, 그 나름대로 몸과 마음에 커다란 부담이 됩니다.

뇌는 본능적으로 그런 변화를 싫어하고, '본래의 생활리듬으로 돌아가자'라고 하며 방해를 합니다. 이것을 의지의 힘으로 컨트롤하려고 하여도 뇌의 힘을 이기지 못합니다. 소위 '작심삼일'입니다.

그런데도 무기력해진다거나 의욕이 없는 자신을 변화시키고자 변화를 싫어하는 뇌에 한층 더 저항할 필요가 있겠습니까? 그렇지는 않습니다. 그렇다면 변화하기 위해서는 어떻게 하면 좋은가? 뇌의 '방어본능'을 이기기 위해서는 어떻게 하면 좋은가?

그것은 '조금씩' 변화를 지속한다는 것입니다. 뇌는 조금씩이라면 변화를 받아들이는 성질도 갖고 있습니다. 이것을 뇌의 '가소성可塑性'이라고 합니다. 많은 분이 높은 목표를 세우고 단기간에 변화하려고 합니다만, 작은 변화를 차곡차곡 쌓아 가는 것이 뇌의 자연적인 기제메커니즘. Mechanism에 걸맞습니다.

일을 하는 방법에 있어서도 갑자기 무리하게 변화시키

면 그것만큼 반동이 크게 되어 버립니다. 이런 점에서 루틴은 반동을 하지 않습니다. 왜냐하면 동작이 아주 작아서, 누구라도 할 수 있는 간단한 것이기에, 뇌의 가소성 범위 안에 들어가기 때문입니다. 조금씩 무리 없이 변화하기 위해서 루틴을 사용하는 것입니다.

재미있는 점은 변화가 당연한 게 되면, 이제는 변화하지 않으면 도리어 불안해지는 현상이 일어나게 된다는 것입니다. 변화하는 것에 익숙해져 그것이 일상적 현상이 되기 때문입니다. 뇌의 방어본능은 '변화하지 않는 것이 통상'의 상태입니다. 이것을 '변화하는 것이 통상'인 상태로 변화시키는 것입니다. 이와 같이 되면 자연히 당신의 현실도 변화하기 시작합니다. 그러기 위하여 부디 루틴을 활용해 보시기 바랍니다.

STEP 2에서는 드디어 루틴의 구체적인 예를 소개하겠습니다.

STEP 2

어느 때라도 '업무 모드'에
들어갈 수 있는

50개의
'루틴'

- -

50 routine actions
that puts you into work mood.

완화

ROUTINE

1

즐거운 아침의 시작,
드링크 타임

하루를 '시작'하는 시간
(아침에 일어나서 출근할 때까지의 시간)에 좋아하는 음료를
천천히 마시면서 자신만을 위한 시간을 갖습니다.

누구라도 안절부절못하고, 마음이 개운치 않아 떨떠름하거나, 시간에 쫓기지 않고, 기분 좋게 아침을 출발하고 싶습니다. 그렇지만 현실은 잠이 부족하든지, 다음날에도 술이 깨지 않든지, 몸 상태가 좋지 않든지, 늦잠을 자든지, 아이들을 돌보든지, 업무 마감에 쫓겨서든지, 자신이 바라는 대로 보낼 수 없는 경우가 많지 않겠습니까.

'내일이야말로, 일단락되면, 시간이 있으면…' 등의 조건을 붙여서 바라는 대로 아침을 보내고 싶다고 생각하는 분도 적지 않을 것입니다. 그렇지만 조건이 갖추어지는 '언젠가'를 기다리고 있어도 이상적인 아침은 영원히 오지 않습니다.

왜냐하면 '언젠가'는 영원히 오지 않기 때문입니다. 우리들은 언제나 '지금'밖에 없습니다. 그러므로 이상적인 아침을 보내고 싶으면 '지금' 실천할 수밖에 없습니다.

경황이 없는 중에 '지금' 기분 좋게 아침을 출발시킬 수 있는 루틴을 소개합니다. 그것은 '아침의 드링크 타임'입니다. 모든 것을 일단 옆에 제쳐 두고, 마음에 드는 한 잔의 음료를 마시는 시간만큼 당신의 이상적인 아침을 지내보는 것입니다.

아침은 하루 중 가장 바쁜 시간인지도 모르겠습니다만, '당신을 위해서만 사용하는' 시간을 과감히 확보합니다.

'우선 자신을 만족시킴'으로써 기분에 여유가 생기고, 기분 좋은 상태로 있게 됩니다. 하루를 '시작'하는 시간을 기분 좋게 보낼 수 있다면, 하루 내내 어떤 일이 생겨도 단시간에 좋은 컨디션으로 돌아올 수 있습니다.

우리들은 기분이 좋을 때는 사물을 긍정적으로 보기 쉽고, 기분이 나쁠 때는 사물을 부정적으로 보기 쉽습니다. 이것을 심리학 용어로 '기분일치효과'라고 합니다. 즉 하루를 기분 좋은 상태로 시작하면 긍정적인 발상을 하게 되어, 사물이나 다른 사람에 대하여 유연하게 대응할 수 있는 것입니다.

저는 매일 아침 '시작'의 시간에, 한 잔의 커피를 집에서 마시는 것을 루틴으로 하고 있습니다. 집에는 초등학교 학생인 아들들도 함께 있기 때문에 아침에는 몹시 분주하지만, 커피를 마시는 이 3분만큼은 여유롭게 보내도록 하고 있습니다. 예를 들면, 걱정거리가 있다고 하더라도 일단 옆으로 제쳐 두고, '단지 지금 이 순간을 즐기자'라고 생각하며 한 잔의 커피를 즐기고 있습니다.

시간이 없다고 하는 분은 전동차 역으로 가는 도중에 카페에서 좋아하는 음료를 마시든지, 편의점이나 자동판매기에서 캔 커피를 사는 것만으로도 자신을 위한 시간을 사용하는 셈이 됩니다. 저의 고객 중에는 포트에 넣은 홍차를 아침에 가장 먼저 사무실 책상에서 음미하는 것을 루틴으로 하고 있는 분도 있습니다. 그 여성분은 어린아이가 있어 집에서는 느긋하게 지낼 수 없기 때문에, 드링크 타임을 회사에서 갖고 있는 모양입니다. 그 결과 안절부절못하는 시간이 줄고, 여유를 갖고 업무에 대응할 수 있게 되었다고 알려 주었습니다.

일단 업무가 시작되면 긴급한 안건이나 문제점의 처리, 손님과의 사정 등 여러 가지 외부적 요인에 대응해야 하기 때문에, 당신의 사정이나 페이스대로 보내는 것이 어렵습니다. 또 자신을 만족시키는 것은 미룬다든지 하며, 자신에게 소홀하게 되어 버립니다. 그러므로 더욱 하루의 시작을 의식하여 '자신을 위한' 시간을 사용해 보십시오.

ROUTINE

2

신사(神社), 카페, 공원 등 당신의 마음이 위안을 받고
기분이 좋아지는 장소에 출근 전에 들렀다가 갑니다.

축구나 야구 등의 스포츠에는 '홈(그라운드)'과 '어웨이'라는 용어가 있습니다.

그리고 야구, 아메리카 풋볼, 농구, 축구, 아이스하키 등의 프로 리그전 결과를 통해, 적지인 어웨이에서의 시합보다 본거지인 홈에서의 경기 쪽이 승률이 높다는 미국의 연구 데이터가 있습니다. 홈에서의 시합이라면 그라운드나 잔디에 익숙해져 있고, 팬들의 응원에 힘을 얻어, 실력을 발휘하기 쉽기 때문입니다. 이런 현상은 '홈의 이점'이라고 불립니다.

당신에게는 회사 사무실이 '홈'이 되는 것이 이상적입니다. 그러나 실제로는 업무가 순조롭지 않고, 상대하기 버거운 상사가 있고, 잔업이 계속되어 회사에 있는 것이 괴롭다 등등 '어웨이화' 되어 있는 분도 적지 않을 것입니다.

그런 때는 마음이 안정되는 '홈'을 회사 근처에 설정합니다. 업무나 인간관계로 진척 없이 꽉 막혀 있을 때에도, 당신이 한숨 돌릴 수 있는 장소가 있으면 무언가 마음이 든든해집니다.

저의 고객 중에는 매일 아침 신사의 경내를 지나서 출근하는 분이 있습니다. 신사는 그분에게 있어서 '파워 스폿(에너지 충전소)'인 것입니다. 불과 수십 미터의 신사 경내를 통과하는 것만으로 기분이 상쾌해진다고 하였습니다.

통근 도중에 있으면 신사가 아니라도 괜찮습니다. 가는 길에 있는 카페나 편의점, 잔디가 깨끗한 공원이라도 좋습니다. 특정한 장소가 발견되지 않으면, '마음에 드는 루트'를 따라서 출근하는 루틴을 시도해 보십시오. 어둠침침하거나 음산한 장소, 싫은 냄새가 나는 그러한 길은 피하고, 아침의 신선한 '기운'을 느낄 수 있는 루트를 선택하는 것이 포인트입니다.

사내의 환경은 당신을 자유롭게 하지 않을지도 모릅니다. 그렇지만 저절로 편하다는 기분이 느껴져 능력^{퍼포먼스, Performance}을 발휘할 수 있는 장소를 누군가 만들어 주기만 기다리고 있으면, 아무것도 변화하지 않습니다.

'자신이 있을 장소는, 자기 자신이 만든다.'

그렇게 결정해 버리는 편이 기분 좋게 지낼 수 있습니다. 단지 '통근'이라고 하는 아침에 특별한 관심을 갖지 않고 보내 버리는 시간도, 조금 연구를 해 보면 기분 좋게 만들 수 있는 것입니다.

당신의 '파워 스폿'을 부디 자신이 만들어 보십시오.

ROUTINE

3

직장에서의
소외감 해소법

회사 건물이나 사무실 입구에서 예의를 표시하고 나서 회사로 들어갑니다.
인사를 함으로써 '어웨이감'이 줄고 회사 사무실이 '홈'으로 다가옵니다.

앞 절에서 '홈'과 '어웨이'라는 말을 했습니다. 그러면 당신에게 있어서 오피스는 '홈'과 '어웨이' 중 어느 쪽입니까. 이상적인 것은 오피스가 '홈'이 되는 것입니다. 그렇지만 앞서 이야기한 것처럼 여러 가지 이유로 실제로는 오피스가 '어웨이'로 변한 분도 있을 것입니다.

오피스가 어웨이로 되어 있는 사람은 홈이라고 느끼고 있는 사람에 비하여, 업무실적이 낮게 나타납니다. 당신이 과도하게 긴장하거나 불안이나 공포를 느끼면, 뇌는 긴장상태라고 인식하고 신변의 위험을 피하는 것에만 집중하도록 되어 있기 때문입니다. 이런 경우 일시적으로는 실적이 올라갈 수도 있으나, 투쟁반응 또는 도주반응이 나타나기 때문에 오래 계속되지 않습니다.

예를 들면, 산책 중에 갑자기 뱀을 발견하면 사람은 공포를 느껴 자동적으로 몸이 도주태세로 들어가듯이, 오피스가 어웨이화 되어 있는 사람의 행동은 무의식적으로 위험회피 반응이 되어 버립니다.

이와 달리 당신이 오피스에서 긴장하지 않고 즐거운 기분으로 있으면, 사고나 행동의 폭을 넓히는 효과가 있습니다. 그 결과는 창조성, 유연성, 독창성의 향상으로 이어집니다. 오피스가 홈화 되어 있는 사람은 자연스럽게 아이디어가 솟아 나오게 됩니다. 이것을 심리학 용어로는 '확장형성이론'이라고 합니다.

이상을 근거로 하여, 출근 시 단 5초로 업무 실적을 올릴 수 있는 루틴을 소개합니다. '회사 건물의 입구에서_{회사} 사무실이라고 할 수 있는 장소에 인사를 한다'는 루틴입니다. 회사 건물 또는 회사 사무실에 인사를 함으로써 어웨이감이 줄고, 회사 사무실이 홈으로 다가옵니다. 소리를 내지 않아도 좋으니 "안녕하세요"라고 인사해 볼 것을 권합니다.

저의 고객 A씨는 회사 건물이나 회사 사무실에 인사를 하고 난 후부터 "회사 사무실이라는 '장소'가 자기편과 같이 느껴져, 트러블 처리 시 침착하고 냉정하게 대응하게 되었다"라고 말했습니다. 또 K씨는 회사 건물 또는 회사 사무실에 "안녕하세요"라고 인사함으로써 "이전에는 일이 끝나면 지쳐서 축 늘어졌지만, 이제는 같은 일을 해도 피로하지 않게 되었다"라고 알려 주었습니다.

오피스를 홈화 할 수 있으면 '장소'를 당신 편으로 할 수 있는 것입니다. 우선 회사 건물이나 사무실 입구에서 인사를 하고 나서 근무처로 들어가는 루틴을 시작해 보십시오.

ROUTINE

4

메일 답장은 즉각 처리할 수 있는 것부터 해치우자

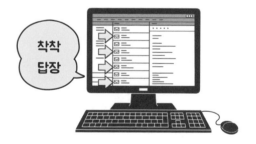

착착
답장

수십 통 쌓여 있는 메일은 오래된 것부터 대응하지 않고 '받았습니다', '확인
하겠습니다' 등의 한마디로 끝날, 가볍게 처리할 수 있는 것부터 착수합니다.

휴무 뒤 또는 아주 바쁠 시기 등에 메일 박스를 열어 보면 메일이 수십 통 쌓여 있습니다. 이럴 때에는 하나씩 메일에 답장하는 것 자체는 어렵지 않아도 처리하지 않으면 안 될 '수'에 압도되어 질려 버리기 쉽습니다. 그런 경우 우선은 '수를 줄이면' 정신적으로 편해집니다.

여기서의 포인트는 "오래된 메일의 순번으로 처리하지 않는다"라는 것입니다.

메일을 받고부터 시간이 지나면 지날수록 답장하는 데 시간이 걸립니다. 왜냐하면 시간이 지난 메일은 '잠자고 있는' 것과 같은 상태로, '깨우는 것'만으로도 시간이 걸리기 때문입니다. 메일 내용과 관련된 기억이 애매모호해졌다면 생각해 내는 데에도 에너지가 소비됩니다. 더욱이 손을 대자마자 대응하는 데 연구가 필요한 메일에 부딪히면, 그것만으로도 모처럼의 의욕을 꺾어 버릴지 모릅니다.

메일이 쌓였을 때는 바로 답장이 가능한 것부터 처리합니다. "접수했습니다", "후에 확인하겠습니다" 등의 한마디로 문제없는 메일부터 하나하나씩 착착 답장해 가는 것입니다. 그 다음에 정형문 양식으로 대응할 수 있는 메일에 답장을 합니다. 답장하지 못한 메일의 수가 어느 정도 줄어들면 '무언가 될 것 같다', '될 것 같은 기분이 난다' 등의 긍정적인 생각을 하게 됩니다. 그렇게 되면 이제 자리를 잡은 것입니다. 힘차게 최후까지 해치울 수 있습니다.

코칭에서는 이것을 '덩어리 줄이기Junk down'라고 합니다. 비즈니스 현장에서는 브레이크 다운Break down이라는 말이 더 알기 쉬울 것입니다. 말하자면 문제를 처리하기 어려울 때는, 당신이 처리할 수 있는 크기만큼 작고 가늘게 하면 되는 것입니다.

쌓여 버린 메일의 답장을 저는 흔히 '자전거 페달 구르기'로 예를 듭니다. 페달을 구르기 시작할 때는 힘이 든다고 생각하지만, 일단 달리기 시작하여 궤도에 오르면 그렇게 힘을 쓰지 않아도 자연스럽게 달릴 수 있습니다. 얼핏 보면 귀찮게 보이는 업무도 일단 작은 목표를 세워서 착수하면 편안하게 나아갈 수 있는 것입니다.

ROUTINE

5

귀찮은 메일은
'처음 한 문장'이라도 적어라

길이가 긴 메일은 반드시 해야만 하는 의무감보다도 귀찮아서 결국
방치상태로 두기 쉽습니다. 행동에는 최초의 일보가 중요합니다.
우선 최초의 한 문장을 적어서 스타트(출발) 지점에 섭니다.

답장하는 데 시간이 걸리는 길이가 긴 메일은 본문을 가볍게 읽어 보는 것만으로 기분을 무겁게 만듭니다. 본문까지라면 몰라도 첨부파일의 내용이 복잡하든지 분량이 많으면, 그것만으로도 기가 죽게 됩니다. 자기 나름대로 열심히 답장을 적어 보려고 해도 더 이상 업무가 진행되지 않습니다.

이런 경험을 하신 분이 많지 않습니까? 일단 막혀 버린 메일의 답장은 상대방으로부터 재촉이 오기를 기다리든가, 자신이 하고픈 의욕이 생기기를 기다리거나, 마감일을 기다리든가 등등을 하면서 더욱더 뒤로 미루기 마련입니다.

사람은 '해야 할 일'을 뒤로 미루거나 오늘 할 수 있는 일을 내일 이후로 미루어도, 완전하게 잊어버릴 수는 없습니다. 이럴 경우 초조하거나 이것도 저것도 아닌 감정을 가지고 질질 끌면서 일을 하게 됩니다. 그렇게 되기 전에 메일의 답장을 한다면, 상쾌한 기분으로 보낼 수 있는 시간이 늘어날 것입니다.

그렇다면 메일의 답장을 할 수 없게 되어 버렸을 때, 어떤 '계기'를 만들면 자연스럽게 하고 싶은 의욕을 되찾을 수 있을까요?

앞서 '자전거 페달 구르기'의 원리를 언급했습니다. 행동이라는 것은, 시작하기까지가 실제로 가장 어려운 것입니다. 그래서 이럴 때에는 답장할 메일의 '최초의 한 문장'을 적는 루틴을 실천해 보십시오.

자전거는 일단 구르기 시작하면 페달이 가벼워집니다. 메일의 답장도 한 문장을 적어 보면 뒤죽박죽된 사고나 개운치 않고 떨떠름한 기분도 가볍게 되고, 점차 행동이 가속화되어 목표를 향해 나아가고 싶어집니다. 본격적으로 시작해 보면 예상보다도 간단하게 메일의 답장을 할 수 있습니다.

뇌 과학적으로는 '할 의욕→행동'이 아니고 '행동→할 의욕'이 옳은 순서입니다. ROUTINE 41에서도 말씀드리겠습니다만, 뇌의 할 의욕 스위치인 '측좌핵'에서는 몸을 움직이는 자극이 없으면 도파민이 생기지 않습니다. 결국 '할 의욕'을 내는 요령은 '움직이기 시작'하는 것. 움직이는 것이 뇌가 할 의욕을 만드는 스위치인 것입니다. 먼저 한 문장을 적어봅니다. 그와 같은 아주 작은 행동이 자극이 되어 측좌핵을 움직이고, 그로 인해 할 의욕이 생기는 것입니다.

저의 고객 중에는 시간이 걸려 주의 깊게 읽지 않으면

안 되는 첨부파일은 '뒤로 돌리지 않고 프린트라도 해 둔
다'를 루틴으로 하고 있는 분도 있습니다. 그것만으로도
다음 행동으로 매끄럽게 이어져 2차적인 수고가 줄어듭
니다. 메일의 답장이 어려울 때는, 매끄럽게 하고자 하는
의욕 모드로 들어갈 수 있는 '착수실마리'를 루틴으로 하십
시오.

ROUTINE

6

어려운 기획서,
공백의 원칙을 활용하라

기획서를 작성할 때 가장 먼저 할 것은 제목을 적고 절의 번호를
기입하는 것입니다. 생각하지 않고서도 할 수 있는 간단한 것부터 시작합니다.

기획서, 제안서, 보고서 등의 서류작성 업무에서도 창조적인 발상이 필요거나, 깊이 생각하지 않으면 작성할 수 없는 것은 기계적으로 처리할 수 있는 것보다 시간이 걸립니다. 그래서 할 수 없이 뒤로 미루기 마련입니다.

그럴 때는 '실마리'를 놓는 것처럼 제목이나 절의 번호 등 머리를 사용하지 않고 술술 쓸 수 있는 곳부터 시작하면 부드럽게 출발할 수 있습니다.

사람에게는 '공란이나 공백이 있으면 메우고 싶어진다'는 심리가 있습니다. 이것을 뇌의 '공백의 원칙'이라고 합니다. 뇌는 '모른다는 상태 = 공백'을 위험이라고 보고, 알고 있는 상태를 안전하다고 봅니다. 의문이 메워지지 않으면, 뇌의 자동검색 시스템이 작동하여 답을 찾아 줍니다.

여간해서는 쓸 수 없는 기획서 같은 것이 있을 때 가장 먼저 할 것은, 그 기획서의 '제목'을 쓸 것. 그리고 공란에 (1), (2), (3), (4), (5)…라고 절의 번호를 적어 두는 것입니다. 자세하게 단락이 지어진 공란을 만들면, 사람은 그 공란을 채우고 싶어집니다.

다음에는 적기 쉬울 것 같은 공란부터 기분 가는 대로 키워드만 적어 갑니다. (2)절을 적었다면 다음에 (4)…. 적을 수 있는 곳부터 무작위로 키워드를 채워 가도 괜찮습니다.

이렇게 하면 그렇게 부담을 주지 않고도 전체의 흐름을 세울 수가 있습니다.

이제 절반은 완성한 것입니다. 나머지는 키워드에 따라서 문장을 연결만 하면 됩니다. 갑자기 문장부터 적기 시작하는 것보다 훨씬 매끄럽게 완성할 수 있습니다.

우리는 일을 가려서 할 수 없는 경우가 많고, 막대한 양의 서류작성에 연속적으로 부딪힐 때도 있습니다. '업무 그 자체'는 선택해서 할 수 없어도, '업무의 진행방법'을 조금 연구하는 것만으로 기분 좋고 부드럽게 일을 진행하는 것이 가능합니다. '서류작성에서 막혀 버렸다'라고 할 때는 활용해 보시기 바랍니다.

ROUTINE

7

기획서 빨리 쓰기,
마지막 문장부터 적어 두자

기획서는 첫 문장에서 시작하여 순서에 따라서 작성해 가면,
세세한 부분이 마음에 걸려 여간해선 진전되지 않습니다.
빠르게 마무리하는 요령은, 마지막 문장부터 적기 시작하는 것입니다.

앞에서 기획서를 빠르게 마무리하는 루틴을 소개했습니다만 또 하나, 작성의 흐름이 막히는 것을 방지하는 루틴도 소개합니다.

이 또 하나의 루틴은, 의외인지도 모르겠습니다만, '최후의 한 문장부터 적기 시작한다'는 것입니다. 이 루틴도 '공란이나 공백이 있으면 메우고 싶어진다'라는 뇌의 '공백의 원칙'을 활용합니다.

먼저 최후의 한 문장을 적어 버립니다. 그러면 뇌는 '비어 있는 열쩨=공백'을 위험이라고 보고 뇌의 자동검색 시스템을 가동시켜, 결론에 도달하는 경로를 발견해 내려고 합니다.

또 기승전…이 쏙 빠져 버린 상태에서 '결'의 부분부터 적기 때문에, 비교할 수 없는 자유로운 발상으로 적어 나갈 수 있게 됩니다.

완벽주의자라도 뒤에서부터 적는 것이라면, 어떻게든 세세한 부분에 얽매이지 않습니다. '클라이맥스Climax. 절정'는 어렴풋이 둔 채 뒤에서부터 계속 줄거리를 적어 가기 때문에, 당연히 만듦새는 거칠게 됩니다. 그래도 괜찮기 때문에 먼저 최후의 한 문장을 적어 봅니다.

그 후에, 이번에는 앞에서부터 다시 한번 전체를 재검토하여 자세한 부분을 정성 들여 고쳐 갑니다. 말 그대로 역전의 발상입니다. 효율이 나쁠 것 같으나, 실은 압도적인 속도로 업무를 수행할 수 있습니다.

저의 고객인 H씨는 이 루틴을 응용하여, 블로그의 기사를 적을 때 먼저 '최후의 한 문장부터'를 실천하여 블로그를 경신하는 빈도가 2배가 되었다고 알려 주었습니다. 또 마지막이 결정되어 있으면 탈선하는 경우가 줄기 때문에, 보다 단시간에 적을 수 있게 된 모양입니다.

기획서 작성이 막혀 버렸다면 '최후의 한 문장부터 적는다'를 시도해 보기 바랍니다.

ROUTINE

8

귀찮은 업무는
자료부터 훑어본다

뒤로 미루어 버린 업무는 최초부터 완벽을 기하지 말고, 우선은 '자료를 살펴본다'는 것부터 시작하면 무리 없이 자연스럽게 착수할 수 있습니다.

매일매일 업무에 쫓기다 결국 뒤로 미루어 버리는 안건은 없습니까? 예를 들면, 처리하기가 어렵고 시간이 걸릴 것 같은 안건이나, 방법을 조사하지 않으면 처리할 수 없는 안건 등입니다. 마감날짜가 다가오는 것을 머리로는 알고 있음에도 '시간이 걸릴 것 같아서, 에이 귀찮아'라고 생각하고, 여간해서 착수할 수 없는 경우 어떻게 하면 좋겠습니까?

어렵고 귀찮은 안건일수록 협의나 의뢰를 한 후, 바로 착수하는 것이 이상적입니다. 협의 직후는 기억도 선명하기 때문에 매끄럽게 처리할 수 있고, 만일에 중간에서 막혀 버렸다고 해도 마감날짜까지는 시간이 있기에 여유를 갖고 유연하게 대응할 수 있습니다. 저도 그렇지만, 여간해서는 업무가 이상적으로 진척되지 않는 경우가 많습니다. 그럴 때 실행하고 싶은 것이 '우선 자료를 본다'라는 루틴입니다. 뒤로 미룬 안건을 한꺼번에 완벽하게 끝내려고 하면 행동이 굼뜨게 됩니다. 곧바로 처리가 어렵든지, 바로 처리하고 싶지 않은 무언가의 이유가 있어서 집중이 제대로 되지 않기 때문입니다.

먼저 최초로, 착수하는 '실마리'를 만드는 것이 요점입니다. '필요 서류를 쳐다보기만' 하기로 한다면 장애는 훨씬 낮아질 것입니다. 업무만이 아니고 거의 모든 문제나 과제는 뒤로 미루지 않고 마주하는 시점에서 반은 해결한 것입니다.

우리들은 과제에 직면하면 '왜 이런 일이 생겼는가'라는 과거에 대한 후회나, '이번 일로 앞으로 어떻게 될 것인가'라는 미래에의 불안에 의식이 향하기 쉽습니다. 그래서 과거도 미래도 아닌 현재로 의식을 갖고 오는, 즉 '지금 이 순간과 마주함' 그 제일보가 '우선 살펴본다'라는 작은 습관인 것입니다. 일단 여기서부터 시작해 보기 바랍니다.

ROUTINE

9

영업처에 익숙해지는 노하우

어떤 기업을 처음으로 방문할 때에는 어웨이를 홈으로 바꿉니다.
건물로 들어가 장소를 숙지한 다음, 일단 밖으로 나옵니다.
그리고 다시 건물로 돌아가면 이미 두 번 방문했기에 홈 같은 느낌이 생깁니다.

만약 당신이 영업을 하는 분이라면 단골 거래처와 신규 영업처, 어느 쪽에 실력을 발휘할 수 있겠습니까? 얕은 생각인지 모르겠지만, 정답은 단골 거래처입니다. 왜일까요?

단골 거래처는 담당자와도 얼굴이 익숙하고 장소에도 익숙해져 있어서, 말하자면 '홈'에 가깝기 때문입니다. 한편 신규 영업처나 예약 없이 방문한 영업처는 처음 가 보는 장소로, 초대면의 사람을 대응하지 않으면 안 됩니다. 더욱이 상대방에게 거부, 거절당할지도 모르기 때문에 긴장감이나 압박감도 큽니다. 처음으로 영업처에 갈 때는, 상대방의 영업내용 등에 대하여 사전에 조사하여 정보를 얻음으로써, 긴장이나 압박감을 어느 정도 줄일 수 있습니다.

이렇게 말은 하지만, 역시 실제로 신규 영업처에 가면 긴장하기도 하고 사전에 정보조사가 충분히 되지 않았을 때도 있다고 생각합니다. 따라서 영업처, 바로 그 장소에서 실행할 수 있는 루틴을 소개합니다. 신규 방문처를 '어웨이'에서 '홈'으로 전환하는 기술입니다. 신규 방문처가 '홈' 감각으로 다가오면 초면의 담당자를 대해도 크게 긴장하지 않고 대응할 수 있습니다.

가장 먼저 할 것은, 영업처에 도착하면 먼저 그 건물에

한 번 들어가서 공간을 한 바퀴 둘러보는 것입니다. 그리고 건물을 일단 나온다는 루틴을 실행합니다. 비록 짧은 시간일지라도 일단 건물에 출입하고 나면 다음은 두 번째가 되기 때문에, '처음 뵙겠습니다'가 아니고 '또 뵙습니다' 또는 '어서 오세요'라는 느낌으로 바뀝니다. 하잘것없지만 이렇게 장소에 대한 인식이 홈에 가까워지면 과민해져 있던 뇌내 모드가 불식됩니다. 이것으로 기가 죽지 않고, 본래의 실력을 충분히 발휘할 수 있습니다. 혹시 방문처가 1칸짜리 개인상점 등으로 건물이 아닌 경우에는, 일단 건물에 들어가지 않아도 좋으므로 건물 앞을 통과하고 나서 또 한 번 돌아와 봐주십시오. 그것만으로도 '홈' 감각에 가까워집니다.

저의 고객 중에는 전국 각지에서 강연이나 세미나, 기업연수를 업무로 하시는 분이 있습니다. 처음 가는 장소를 싫어하는 N씨는 강연장에서 이 루틴을 실천하고 난 후부터 처음 가는 장소, 초대면의 참가자에 대해서도 어딘지 친근감을 갖게 되어 이야기가 쉽게 되었다고 알려주었습니다.

ROUTINE

10

영업이 안 풀릴 때
이미지 메이킹 방법

영업을 잘하지 못하고 어렵다는 의식을 갖고 있다면, 상품이나 서비스를
제공함으로써 행복해하는 사람의 얼굴을 상상합니다. 고객이나 그 가족,
당신의 회사나 당신의 가족 등, 떠오르는 대로 상상해 봅니다.

동일한 상품이나 서비스를 취급하고 있는데 잘 파는 사람과 여간해서 팔지 못하는 사람이 있습니다. 잘 팔리는 영업 담당자는 어딘가 분위기가 닮아 있다고 생각하지 않습니까?

자신의 상품이나 서비스에 절대적인 자신감을 갖고 있고 시원시원합니다. 그런 사람이 "우리 상품은 업계 최고입니다. 손님에게 딱 안성맞춤이고, 반드시 200% 만족하실 겁니다!"라는 어조로 자신만만하게 말하면 '도대체 무엇을 근거로?' 하고 생각하는 반면, '그렇게까지 말한다면 한번 시험해 볼까…' 하고 상대방의 제안을 순진하게 받아들이고 싶은 마음도 생길 수 있습니다.

당신이 다루고 있는 상품이나 서비스에 따라서, 곤경에 처한 고객의 어려움을 해결하기도 하고 그들의 꿈을 이루어지게 하기도 합니다. 그런 '미래 예상도'를 구체적으로 그릴 수 있는 사람은 고객으로부터 '예스'를 얻을 수 있습니다.

이 '미래 예상도'를 그리기 위한 첫걸음으로 권하는 것이 "계약 성립으로 기뻐할 사람들의 얼굴을 상상한다"라는 루틴입니다.

예를 들면, 당신이 '체육관스포츠 짐'의 회원권을 판매하고 있다고 합시다. 영업처 판매실적이 떨어져 스트레스가 쌓여 있고, 부하에게도 고함을 질러대는 일이 많은 어떤 회사의 사장이 있습니다.

상상해 보십시오. 그런 사장이 주 2, 3회 체육관에서 땀을 흘림으로써 스트레스가 발산되어 회사의 부하에게도 부드러워진다고 한다면? 당연히 회사 안의 분위기도 변화합니다. 사장의 고함소리가 들리지 않는 사내에서는, 직원들이 쭉쭉 실력을 발휘하고 회사의 매상이 올라가게 될지도 모릅니다. 그러면 거래처의 발주도 늘고 거래처에도 미소가 늘어날 것입니다. 또 직원들의 가족에게도 긍정적인 영향을 미치게 됩니다. 그전까지 사장의 고함소리를 들어 온 직원들은 가정에서 부인과 아이들에게 마구 화풀이를 하고 있었는지도 모르나, 이후에는 온화한 기분으로 집으로 돌아갈 수 있는 기회가 늘고 귀가 후 부인이나 자식들의 이야기를 들어 줄 여유가 생기게 됩니다.

부인은 남편이 이야기를 들어 주기 때문에 아이들에게 심하게 대하지 않을지도 모릅니다. 어머니가 부드럽게 대해 주면 아이들도 초조감이 줄어들고 공부에 집중할 수 있게 됩니다. 좀 지나친 예인지도 모르겠습니다만, 하나의 상품이나 서비스에 숨겨져 있는 가능성과 파급효과라고 하는 것은 이만큼이나 크기 때문입니다.

- 상품이나 서비스 덕분에 직접적으로 기뻐할 고객의 얼굴
- 고객이 기뻐함으로써 좋은 영향을 받게 되는 고객의 가족이나 친구의 얼굴
- 고객이 법인인 경우, 회사가 변화함으로써 좋은 영향을 받는 거래처의 사장이나 직원들의 얼굴

이와 같이 상상의 날개를 점점 펼쳐 가면 상대방의 기뻐하는 얼굴을 떠올리기 쉬워집니다.

사람은 누구라도 계속해서 거절당하면 '더 이상은 영업하고 싶지 않아', '왜 거절당할 것을 알고 있는데 영업을 하지 않으면 안 되는가' 하고 비관하고 싶어집니다. 그렇게 영업 담당자가 열성을 잃고 부정적인 모드에 들어가면, 그것은 반드시 고객에게도 전달됩니다.

결국 "영업하는 것은 싫다"라면서 영업에 정말 소질이 없다고 느낄 때는 '자신에 관한 것'만 생각하고 있다는 뜻입니다.

'판매하지 못해 상사에게 야단맞으면 아, 싫다'든가 '상대방에게 거절당해 자신이 싫어지는 생각을 하고 싶지 않다'든가 '상대방이 강매한다고 여겨서 상대방이 싫어하게 만들고 싶지 않다' 등과 같이, '자신'의 기준으로만 영업하

게 되면 고통스럽게 됩니다.

반대로 '계약이 성사되어 행복해하는 사람의 얼굴'을 상상할 수 있는 사람은, 자신을 생각하는 대신에 고객의 입장에서 생각하고 있습니다. '이 상품이나 서비스를 판매함으로써 고객에게 ○○이라는 좋은 일이 생길지도 모르겠다', '이것을 사용하는 분이 다시금 기뻐하면 좋겠다' 등등 '상대방'의 입장에 서면 거절당해도 그렇게 실망하지 않습니다. 그러므로 '자기 입장'과 '상대방의 입장', 어느 쪽을 영업 자세로 하느냐에 따라 매상이 크게 달라집니다.

코칭에서는 시선을 바꾸는 것을 '입장 변환'이라고 합니다. 먼저, 기뻐할 사람의 얼굴을 상상하는 것부터 시작해 보십시오.

ROUTINE

11

긴장될 때는
주먹을 쥐었다 펴라

긴장을 하지 않으려고 노력하는 것보다 오히려 의도적으로 긴장을 하는 편이,
자연스럽게 긴장을 풀 수가 있습니다. 손을 힘껏 쥐어 몸에 긴장을 하고 나서
손을 펴 긴장을 풀어봅니다.

고객에게 홀대를 받아 가며 겨우 고대하던 상담을 하기에 이르렀다면, 누구든지 기쁘기도 하고 걱정도 되어, 자신도 모르게 너무 힘이 들어가는 경우도 있을 것입니다. 적당한 긴장은 집중력을 올려주지만, 너무 긴장해 버리면 부드럽게 일이 진행되지 않습니다. 그럴 때에는 손을 꾹하고 힘껏 쥐었다가 푸는 루틴을 시도해 보십시오.

실은 '긴장을 풀자', '릴랙스 하자'라고 의식을 해도 생각대로 되기는 쉽지 않습니다. 손이나 발 등은 체성신경體性神經이라는 신경계가 컨트롤하고 있기 때문에, 의식만 하면 당신 자신이 움직일 수 있습니다. 그러나 심장이나 위장 등은 의식하지 않아도 스스로 움직이는 자율신경, 즉 자율신경계가 컨트롤하고 있기 때문에, 의식하여 컨트롤하는 것이 어려운 것입니다.

이것은 심장이 아주 긴장하고 있을 때 입에서 "침착해!"라고 아무리 소리 질러도 아무런 효과가 없는 이유입니다. 오히려 의식하면 의식할수록 더 긴장하게 됩니다.

이럴 때 소중히 간직해 둘 방법이 있습니다.

그것은 긴장을 억지로 풀려고 하지 않는 것입니다. 역으로 긴장을 하려고 힘을 써 보십시오. 예를 들어, 긴장으로 손이 떨린다면 손에 꾹 하고 힘껏 힘을 넣습니다. 그러고 나서 잠시 후에 "후~" 하며 힘을 빼 보십시오.

손을 힘껏 쥐는 것은 당신의 의지로 실행할 수 있습니다. 의도적으로 몸을 긴장시키는 것은 가능합니다. 그러면 긴장한 몸은 자연적으로 이완되기 시작합니다. 이렇게 하여 몸의 긴장이 풀려 오면, 기분상의 긴장도 풀려 평상심으로 돌아옵니다.

저의 고객 중에 과민 긴장증세를 갖고 있던 H씨도 이 루틴을 실천하게 된 후부터는 너무 긴장하여 머릿속이 새하얗게 되는 일이 격감했다고 합니다. 아무리 긴장하고 있더라도 몸을 더욱더 긴장시키면 역으로 긴장이 해소되는 것을 알고 난 후, "긴장하는 자신을 냉정하게 바라볼 수 있게 되었다"라고 말해 주었습니다.

만일의 경우에 효과가 있기 때문에 가볍게 시도해 보기 바랍니다.

ROUTINE

12

여유가 없으면
1분간 눈을 감는다

식사 휴식도 제대로 못 할 정도로 바쁠 때에는, 혼자 있을 수 있는 공간에서,
1분간 눈을 감습니다. 화장실에서도 옥상에서도 장소는 어디든지 좋습니다.

사람의 집중력이 지속되는 시간은 우리들이 생각하고 있는 것보다 훨씬 짧습니다. 우리들은 기계가 아니기 때문에, 장시간의 압박감에는 강하지 않습니다. 사람이 아무리 훈련한다고 해도 고도의 집중력을 장시간 지속시킨다는 것은 어려운 일입니다. 그래서 일이 밀어닥쳐 쫓기고 있을 때나 식사하는 시간조차 아까울 때에도, 단시간에 회복될 수 있는 루틴을 소개합니다.

홀로 있을 수 있는 장소라면 화장실, 옥상이나 비상계단, 베란다 등등 어디든지 좋습니다. 자리를 떠나지 못할 때는 자신의 책상에서도 관계없습니다. 하여튼 1분간 눈을 감아 보십시오. 물론 낮잠ᵒ수을 잘 수 있는 회사라면, 10분이든 15분이든 소파에 눕는 것이 가장 효과가 있습니다. 그러나 실제로는 낮잠을 잘 장소도 없고, 회사에서 낮잠을 잘 분위기도 아니기에, 불가능하다고 말하는 분들이 많을지도 모르겠습니다. 그러나 1분간 눈을 감고 '잠자는 척한다'는 루틴이라면, 누구라도 할 수 있을 것입니다.

눈으로부터 아무런 정보가 들어오지 않는 채 1분 동안 있는 것만으로도 뇌를 쉬게 할 수 있습니다. 인간의 뇌가 시각으로부터 얻는 정보비율이 83%라는 연구 데이터가 있을 정도입니다. 따라서 시각을 차단하면 뇌의 부하를 줄일 수 있습니다.

눈을 감는 것만으로도 뇌의 긴장이 풀릴 수 있으며, 단지 1분만으로도 생각지 못할 정도로 지친 상태가 회복됩니다. '바쁠 때일수록 눈을 감는다'를 실천해 보시기 바랍니다.

ROUTINE

13

거북한 사람의 이미지
바꿔 상상하라

다루기 싫은 사람의 이미지를 조금이라도 부드럽게 하기 위하여,
배경을 따뜻한 오렌지색으로 상상해 봅니다.

사람은 자신이 '의미를 부여'한 대로, 상대를 보게 됩니다. 예를 들면, A씨에게 한번 '거북한 사람'이란 의미를 부여하면, A씨에 대해서 거북한 상대라고 생각되는 부분만 눈에 들어오게 되어 있습니다.

이것을 심리학에서는 '확증 바이어스선입관, 편견'라고 합니다. 그런 의미에서 누구에게든 '거북한 사람거북한 상대라고 느껴지는 사람'이 있는 것은 자연스러운 일입니다.

다만 거북한 사람이 상사이거나 업무상 파트너, 단골손님이라면 매일매일 이것만으로도 스트레스를 느끼게 됩니다. 또 '이 사람 거북한 사람이네. 아, 싫증나'라고 마음속으로 거부하면서도 무리하여 친하게 대하면 더욱더 괴로워집니다. 이와 같은 태도는 상대방에게도 전해집니다. 가능한 한 그 사람을 호의적인 시점으로 바라보기 위해 여기서는 색채 심리학에 기초한 루틴을 소개합니다.

잠깐 색채 실험을 해 보십시오.

먼저 '거북하다'고 생각하는 사람을 생각해 내어, 그 사람을 '색깔로' 이미지화해 보십시오. 아마 검은색이나 회색, 혹은 청색 등의 차가운 색 계통을 연상하는 분이 많을 것입니다. 무언가 어둡고, 차갑고, 냉정한 느낌이 듭니다.

다음에 그 사람의 배경에 '오렌지색'을 이미지화해 보십

시오. 오렌지색은 따뜻하고, 친밀감이나 밝은 느낌을 들게
하는 색입니다. 색깔은 사람에 따라서 불호가 갈리지만, 오
렌지색을 싫어하는 사람은 적고 대부분 호의적인 색이라고
받아들이고 있습니다. 상대방의 인상이 부드럽게 보이고, 전
보다 친밀하게 느껴지지 않습니까.

단지 상대의 배경을 오렌지색으로 이미지화했을 뿐입
니다. 이러한 '의미부여'를 조금만 더 확대시키면 상대의
인상도 달라집니다. 저의 고객 S씨는 상대방이 거북하다
는 감정이 생길 때 "오렌지색과 동시에, 그 사람의 최고의
미소를 상상한다"라는 루틴을 실행합니다.

이것은 간단한 루틴이기에 언제 어느 곳에서도 실행할
수 있습니다. 숙달하면 대인관계의 스트레스가 경감됩
니다.

ROUTINE

14

한가할 때는 과감한 휴가계획을!

업무의 마감일이 오늘 내일이 아니라서 다소 여유가 있는 날은, 여느 때와 똑같기만 한 업무 모드를 바꾸어서 자신이 즐기는 것에 대한 계획을 세워 봅니다.

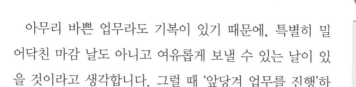

　아무리 바쁜 업무라도 기복이 있기 때문에, 특별히 밀어닥친 마감 날도 아니고 여유롭게 보낼 수 있는 날이 있을 것이라고 생각합니다. 그럴 때 '앞당겨 업무를 진행'하는 것도 가능하지만, 저는 감히 업무 이외의 것을 생각할 것을 권합니다.

　당연한 것인지도 모르겠으나 우리들은 '일만을 위해' 살아가지는 않습니다. 사람에 따라서 일하는 목적은 다를지 모르지만 어디까지나 일은 '수단'이지 '목적' 그 자체는 아닙니다. 그리고 날마다 업무 수행으로 초죽음이 되면, 어느 틈에 '눈앞의 안건을 신속하게 처리하는 것'이 목적이 되어 버리곤 합니다. 그러면 '업무 처리능력 = 자신의 가치'라는 생각에 빠지기도 하고, 필요 이상으로 숫자나 성과를 뒤쫓게 되기 쉽습니다. 그렇게 업무에 너무 몰두하게 되면, 자신의 인생을 아예 방치하는 일도 있습니다.

　그렇다고 해서 '이 안건을 처리하는 것은 나의 인생에 있어서 어떤 의미가 있는 것일까?' 하고 업무 수행 때마다 생각하는 것은 너무 과한 것입니다. 업무상 여유가 있을 때는 눈앞의 일만이 아니라 인생 전체에 대하여 생각할 수 있는 몇 안 되는 기회입니다. 이럴 때 저는 '경력Career 전반', '인생Life 전반'에 대하여 생각하는 시간을 가질 것을 충고합니다. 사실 '커리어'나 '라이프'라는 말 자체가 애매하기 때문에 어떻게 생각하면 좋을지 알지 못하는 분도 있겠지만, 어렵게 생각할 필요는 없습니다.

'다음 휴일에 무엇을 할까?'
'쉬는 날 어떤 것을 하면 재미있을까?'
'자신이 즐기는 것은 무엇이지?'
라고 생각만 해 보아도 좋습니다.

이 루틴은 근무시간 이외에 자택에서 실행해도 좋지만, 의외로 어느 정도 긴장감이 없으면 좀처럼 실천되지 않기 때문에 우선은 회사에서 실행해 보십시오. 저의 고객 중에는 사무실 책상에서 일정표를 보면서 생각하는 분도 있고, 사무실 안을 서성이면서 생각하는 분도 있습니다.

여기서의 초점은 업무도 개인적인 일도, 둘 다 중요하게 생각하는 것입니다. 실제로 '휴가를 많이 취할수록 업무평가가 개선된다'는 조사 결과도 나와 있습니다. 세계 4대 회계법인Big Four으로 이루어진 대형 회계법인 어니스트 앤 영Ernst & Young[1]의 조사에서는, 종업원에게 충분한 휴가가 주어지면 업무평가가 향상되고 이직률도 저하된다

....

1 영국의 경영컨설팅회사 어니스트 앤 영은 딜로이트, 프라이스워터하우스쿠퍼스, KPMG와 함께 세계 4대 회계법인을 이루는 대형 회계법인이다. – 옮긴이 주

는 결과가 나왔습니다.

눈앞의 안건에서 일단 멀어지는 것으로 인해 양심에 찔릴 필요는 전혀 없습니다. 부디 한번, 구체적인 안건이나 마감일에서 벗어나 느긋한 기분으로 지내 보십시오. 그러면 지금까지 알아차리지 못했던 관점이나 아이디어가 얻어질 수도 있습니다. 즐긴다는 것은 마음의 양식도 됩니다. 지금 당장 업무에 집중하지 못하는 분은 우선 휴일을 충실하게 보낼 것을 권합니다.

ROUTINE

15

일과에 확실한
마침표를 찍기

취침 준비를 하는 잠깐 동안에는 파워 오프 송(Power Off Song)을
흘려보내며 느긋한 기분에 잠겨봅니다.

선술집에서 아무리 이야기가 고조되어 있더라도, 또는 가게에서 물건 사기에 정신이 팔려 있더라도, BGM으로 '작별의 노래'가 흘러나오면 '폐점시간이다!' 하고 알아차리고 속히 그 가게를 나오고 싶어지기도 하고, 바쁘게 돌아가고 싶어지기도 합니다. 아마 일본인들에게는 '반딧불=졸업식=작별=폐점시간 임박'이라는 이미지가 각인되어 있다고 생각합니다. 가게 쪽에서도 갑자기 폐점하는 것보다 작별의 노래를 흘려보내 고객에게 폐점을 예고해두는 편이 부드럽게 영업을 종료할 수가 있습니다.

이와 마찬가지로 취침 전에 '파워 오프 송'을 틀어서 조금씩 긴장을 풀어 잠 잘 준비를 하는 것으로 자연스럽게 취침할 수 있습니다. '파워 오프 송'을 흘려보내는 것을 루틴으로 삼아 일상에 도입해 보십시오. 곡목 선택은 '나의 오프닝 테마'와는 달리, 마음을 차분하게 하는 '문 리버'나 드뷔시의 '달빛' 등을 권합니다.

저의 고객 중에는 가사가 들어 있지 않은 힐링 뮤직Healing music을 '파워 오프 송'으로 정한 분도 있습니다. 그 곡을 들어가면서 이를 닦기도 하고, 잠옷으로 갈아입기도 하면서, 머리도 기분도 조금씩 오프 모드로 들어갑니다.

특히 아주 바쁘게 일한 날은 확실하게 오프 모드로 전환하고 잠들기 위한 의식으로서 억지로라도 이와 같은 루틴을 도입하면 취침도 쉬워집니다.

ROUTINE

16

수면 시간 인터넷은
절대 금지!

밤에 자기 전에 PC, 스마트폰, 태블릿 등 인터넷에 연결된 모든 전자기기를
오프(Off)합니다. 깊게 잠들 수 있고, 아침에 일어나기도 수월해집니다.

'확실하게 잤는데도 피로가 풀리지 않아', '뭔가 잤다는 기분이 들지 않아' 등 누구라도 수면 부족 때문에 산뜻하지 않은 하루를 보낸 경험이 있을 것입니다. 머리로는 '좀 더 자는 편이 좋아' 하고 알고 있어도, 업무상 마감일이 닥쳐 있다든지 잔업이나 접대, 친목회 등이 예정되어 있다든지, 통근에 시간이 걸린다든지….

업무 이외에도 사람과의 만남, 공부, 트레이닝, 자원봉사, 기분전환, 스트레스 발산, 자녀교육, 가정사, 간호看護 등 각자에게 수면 시간을 줄이지 않으면 안 되는 사정이 있을 것이라고 생각합니다.

수면 부족이 되면 체력이나 집중력뿐만 아니라, 정신 상태에도 영향을 미칩니다. 사실 안절부절못하든가 괜히 불안해지는 원인이 수면 부족일 수도 있습니다. 그뿐 아니라 판단력도 둔해집니다. 수면의 효과는 '시간×질'로 결정됩니다. 수면 '시간'을 늘리기가 어렵다는 분에게는 수면의 '질'을 올리는 루틴을 권합니다.

저는 인터넷에 연결된 전자기기는 '침실에 갖고 들어오는 것을 금지'하고 있습니다. 밤 시간은 몸뿐만 아니라 뇌나 정신도 확실하게 쉬게 하여 회복시키기 위해 존재하는 것입니다. 온On과 오프Off의 선을 확실히 긋기 위하여, 21

시 이후에는 인터넷을 절대 접하지 않도록 하고 있습니다. 취침 시간이 가까워지면 TV는 물론 PC, 태블릿, 스마트폰 등 인터넷과 연결된 모든 전자기기류를 완전히 차단하여 하루를 마치도록 하고 있습니다.

ROUTINE 1에서 설명한 아침의 '시작' 시간과 마찬가지로, 저는 취침 전의 '마침' 시간도 중요시하고 있습니다. 뇌 과학적으로 말해도 어떤 상태에서든 하루를 끝낸다는 것은 중요합니다. 왜냐하면 뇌는 '잠들기 직전의 이미지를 취침 중에 반복하여 재생'하는 특성이 있기 때문입니다.

'스마트폰을 손에서 놓다니 무리다', '인터넷을 끊으면, 역으로 걱정되어 잠자리가 나빠질 것 같다' 혹시 이렇게 생각하는 분도 있을지 모릅니다. 또 취침 전에 스마트폰으로 음악을 듣는 것을 일과로 하고 있기도 하고, 스마트폰의 알람 기능으로 매일 아침 일어나는 습관이 있다고 말하는 분도 있을 것입니다. 저의 고객 중에 침실에서는 '기내 모드'를 온On하여, 와이파이Wi-fi에 연결되지 않도록 하는 분도 있습니다. 불편하지 않은 범위에서 수면의 질을 올리기 위하여, 조금만 궁리를 해 보십시오.

중요한 것은 잠들 때에는 일단 '밖과의 연결'을 차단하는 것입니다. 수면의 질이 좋아지면 업무성과도 자연히 올라갑니다. 체력, 집중력, 정신상태가 변하면 느슨한 모드를 졸업하는 착실한 첫걸음이 될 것입니다. 인터넷을 완전히 끊는 것이 걱정인 분은 우선 업무가 없는 주말만이라도 시도해 보기 바랍니다. 일어날 때 산뜻한 기분을 느끼게 될 것입니다.

ROUTINE 17~39

전 환

ROUTINE

17

10초 이부자리 정리

아무리 바쁜 아침이라도 이부자리 정리를 한다.
단지 이부자리만 정리해도 기분을 전환시킬 수 있습니다.

흘러나오는 '나의 오프닝 테마 곡'을 들으면서 실행하도록 권하고 싶은 것은, 이부자리를 정리하는 루틴입니다. 바빠서 허둥대기 쉬운 아침에 억지로라도 '이부자리 정리'를 하여 환경을 깨끗하게 정돈합니다. 이렇게 하면 마음이 가라앉아 상쾌한 기분으로 하루를 시작할 수 있습니다.

아침에 이부자리를 정리해 놓으면 '덤'도 따라오게 됩니다.

잠시 상상해 보십시오. 밤에 피로에 지쳐 집에 돌아왔을 때 '이부자리가 엉망으로 되어 있어서 아침에 경황이 없던 그대로'의 상태였다면, 어떻겠습니까? 그런 상태에서는 또다시 아주 녹초가 되어, 다음 날 아침까지 피로를 끌고 가게 됩니다. 이것을 저는 '미래의 빚'이라고 부르고 있습니다.

이와 반대로 밤에 지쳐서 집에 돌아왔을 때 이부자리가 깔끔하게 정리되어 있다면 어떻겠습니까? 이부자리가 정리되어 있으면, 무언가 안심이 되고 편안해져 안락해집니다. 그러면 밤에 기분 좋게 잠들 수가 있습니다. 아침의 조그마한 행동이 밤의 수면에도 좋은 영향을 미치는 것입니다. 저는 이것을 '미래의 저금'이라고 부르고 있습니다.

"아침에 바빠서 그럴 틈이 어디 있어!"라고 말하는 사람은 이불을 간단하게 개어만 놓는 것도 좋습니다. 단지 10초로 끝낼 수 있는 '미래의 저금'을 부디 시도해 보십시오.

ROUTINE

18

3초 완성 자동개찰구,
셀프 이미지

자동개찰구를 통과하는 3초간, 당신이 이상적으로 생각하는 사람이라고
생각하고, 가슴을 활짝 펴고 늠름하게 걸어가 봅니다.

갑작스러운 말이지만 '나는 이런 사람입니다'라는, 당신이 당신 자신에게 갖고 있는 자기의식, 이미지를 '자기상 自己像, Self image'이라고 합니다. 그리고 뇌는 당신이 이미지화하는 것을 실현시키고자 작동합니다. 그러므로 만일 일이 막혀버렸다고 하면, 당신이 갖고 있는 셀프 이미지가 하나의 원인인지도 모릅니다.

예를 들면, 비슷한 재능과 경험을 갖고 있는 사람이라도, 업무 성과를 내는 사람과 여간해서 성과를 내지 못하는 사람이 있습니다. 어째서 이런 일이 발생하느냐고 하면 실은 셀프 이미지가 크게 영향을 미치고 있습니다.

업무성과를 내는 사람은 자기 자신이 '성과를 낼 수 있다'라고 굳게 믿고 있습니다. 반대로 여간해서 성과를 내지 못하는 사람은 '자신은 일을 잘 못하며 자신도 없다'라고 괴로워하고 있습니다.

주변 사람들에게 전자는 이상하게도 자신만만하여 우습게 보일지 모르겠지만, 그런 사람은 셀프 이미지가 높다고 하겠습니다. 그러므로 다른 사람들이 어떻게 생각하든 현실적으로는 전자 쪽이 업무성적을 올리고 있는 것입니다.

이것은 비단 업무에 한정되는 문제가 아닙니다. 사람은 생각해 보지 않은 것은 절대로 실현할 수 없습니다. 사람이 셀프 이미지대로의 인간이 되어 간다는 사실은 스탠포드 감옥 실험으로 증명되었습니다. 1971년 미국의 스탠포드 대학에서 심리실험으로서 가상의 형무소를 만들고, 그 형무소 안에서 일반시민인 피험자들을 죄수 역과 간수 역으로 나누어 2주간 정도 역할놀이를 시켰습니다.

처음 얼마 동안은 죄수 역과 간수 역 사이에 아무런 차이가 없었지만 시간이 지남에 따라 간수 역은 보다 더 간수답게 되고, 죄수 역은 보다 더 죄수답게 행동하게 되었습니다. 급기야는 금지되어 있던 폭력을 간수 역이 죄수 역에게 휘두르게 되어, 실험은 6일 만에 중지되었습니다. 이 실험은 자신이 어떠한 인간이라고 생각하느냐에 따라서 실제의 행동도, 인격도 변한다는 것을 시사하고 있습니다.

그러면 어떻게 하면 셀프 이미지를 변화시킬까? 여기서는 간단한 '3초 완성 자동개찰구'라는 방법을 소개합니다.

이것은 '삑' 하고 소리 나는 역의 개찰구를 통과할 때 '내가 이상적으로 생각하고 있는 사람이 되자'라는 것입니다. 어떠어떠한 사람이 되고 싶다고 하는 셀프 이미지를 가져 보십시오. 그리고 '삑' 하는 순간에 가슴을 활짝 펴고 위풍당당하게 걸어가는 것입니다.

실은 셀프 이미지는 당신 자신이 만든 것이기 때문에 당신이 바꿀 수 있는 것입니다. 그래서 셀프 '이미지'라고 말하지만, '이미지'를 변화시키기보다 먼저 '자세'부터 변화시키는 것을 권하는 것입니다. 이미지는 애매모호하여 다루기 어렵지만 자세라면 일목요연하여 변화시키기 쉽습니다.

대체로 가슴을 편 상태라고 하는 것은 마음의 상태가 위를 향하고, 즉 모든 것이 잘나가고 있다는 것을 나타냅니다. 그러므로 가슴을 펴는 것만으로도 셀프 이미지는 높아집니다. 반대로 잘나가지 못하고 있을 때는 등이 굽고 발걸음도 무겁게 되는 편입니다.

3초로 끝나는 자동개찰은 일종의 망상일지라도 셀프 이미지를 올릴 수 있는 좋은 계기가 됩니다. 등이 쫙 펴져 있는 사람은 당당하게 보이기도 하고, 발표나 경영의 현장에서도 설득력이 높아지게 됩니다.

'직장의 분위기가 어둡고 출근하는 것만으로도 기분이 무거워진다'라고 고민하고 있던 고객 Y씨. 이전에는 무표정하게 자동개찰구를 통과하고 있었던 모양입니다. 그 여성분은 '3초 완성 자동개찰구' 루틴을 알게 된 후, 모델이 런웨이Runway를 걷고 있는 이미지로 루틴을 실천하고 나서 생각지도 못한 효과가 있었던 모양입니다.

 "단지 3초만이지만 일단 자세가 좋아지면 잠시 동안은 유지되기 때문에, 회사에 도착한 뒤에도 기분 좋게 업무를 시작할 수 있게 되었다"라고 말해 주었습니다.

 자동개찰구를 통과할 때뿐만 아니고, 기분이 축 처졌을 때도 '삑' 하고 3초 동안만 이상형의 사람으로 변신한다고 생각하면, 기분을 전환시키는 효과가 있습니다.

ROUTINE

19

상담 종료 후 최고의
미소를 상상하라

"사고는 현실화된다"라고 합니다. 나약해지고 자신이 없을 때는 끝났을 때의
'최고의 미소'를 상상하여, '계약이 성사될 것 같은 좋은 감각'을 다시 찾습니다.

고객이 회의실이나 상담실에 들어오기 전의 아주 짧은 '대기시간'에, 어떻게 하고 있습니까?

그저 익숙지 않은 '어웨이' 공간에 있는 이상, '지금부터 상담을 시작한다'라는 압박감이 있습니다. '어쩐지 잘되지 않을 것 같구나', '이번에는 계약이 성립되지 않을 것 같구나'라고 나약해지면, 부정적인 감정을 지닌 채 상담을 시작하게 됩니다.

그럴 때는 상담이 잘되었을 때의 최고의 상태를 상상한다는 루틴을 실행해 보십시오. 비교적 상상하기 쉬운 것은 상담 종료 후 당신과 상대방의 '최고의 미소'입니다.

인간은 할 일이 없으면 생각을 깊게 해 버리게 됩니다. 너무 깊게 생각하면 부정적인 사고를 하기 쉽고, 나약해져 버립니다. 나약해지면, 불안이 증폭되기도 하고, 자세가 나빠지거나 시선이 밑을 향하게 되어, 상담에 악영향을 미칩니다.

이럴 땐 미리 대기시간에 할 일을 정해 놓으면, 너무 깊이 생각하는 것을 막을 수 있습니다.

더욱이 당신과 상대방의 '최고의 미소'를 생각하면, 가령 상담 중에 심한 의견을 들어도 일희일우一喜一憂하지 않고 침착하게 대응할 수 있습니다.

또 애석하지만 이번에는 상담이 바라는 바대로 정리되지 않았다고 해도, 상대방도 당신도 '최고의 미소'로 상담을 끝마친다면 반드시 다음으로 연결됩니다.

'영업이 괴로워', '창구 대응에 질렸다'고 느낄 때는 부디 이 루틴을 실천해 보십시오.

ROUTINE

20

1할 타자도 OK,
다음 타석을 준비하라

계약이 성립되지 않았을 때는 "이번은 타이밍이 아니었다"라고 자신에게
말해 줍니다. '타율'로 생각해 봄으로써 기분을 부드럽게 전환할 수 있습니다.

사람은 뜻대로 되지 않을 때에는 '이 불운이 영원히 계속된다'고 생각하고, 잘나갈 때는 '이 행운은 일시적임에 틀림없다'는 부정적인 생각에 빠져 버리기 쉽습니다.

그렇지만 본래는 정반대의 발상을 하는 편이 모든 것이 잘되게 합니다.

예를 들면, 상담이 잘 진행되지 않든지 기획한 것이 잘 통하지 않을 때, '이 불운은 영원히 계속된다'고 생각하는 것과 '이 불운은 일시적인 것'이라고 생각하는 것 중 어느 쪽이 다음의 일을 수행할 때 긍정적으로 연결될 것 같습니까? 당연히 후자 쪽입니다.

우리들은 '결과'는 컨트롤할 수 없지만 '행동'은 컨트롤할 수 있습니다. 즉 상대방이 예스라고 할지 노라고 할지, 그런 것은 컨트롤 되지 않습니다. 단지 상대방의 대답에 대하여, 그것을 어떻게 대하고 어떻게 행동하는가 하는 것은 당신이 선택할 수 있습니다.

이렇게 말은 하지만 역시 계약이 성립되지 않으면 낙담해 버리는 일도 있습니다. 그럴 때는 일을 '타율'이란 개념으로 생각해 보십시오.

프로야구 타자의 평균타율은 어느 정도라고 생각하십니까? 2할 5푼이 평균타율로 3할이 넘는다면 타자로서는 일류라고 합니다. 혹시나 당신은 만년 홈런 타자나 타율 8할이 넘는 타자를 목표로 하고 있지 않습니까? 업무에 있어서도 5회에 1회 히트를 치면 나머지는 헛스윙 삼진, 그냥 보낸 삼진, 뚝 하고 떨어지는 땅볼도 있다고 생각해 보세요.

계약을 성사시키지 못했을 때는 '지금은 타이밍이 아니었다'고 마음속으로 자신에게 말하는 것을 루틴으로 정해 버리십시오. '타율'로 생각해 봄으로써 기분을 부드럽게 전환할 수 있습니다.

이것은 외부에 대한 영업만이 아니고, 사내에서의 기획 제안 등에서도 마찬가지입니다. 저의 고객 F씨는 기획통과율이 2할 정도이면 충분하고, 1할이라도 OK라는 감각을 갖게 된 후부터 잘못에 빠져도 바로 전환할 수 있게 된 모양입니다.

또 마찬가지로 고객 K씨는 타율을 이미지화하게 된 이후로 '계약 성립'이라는 결과에 일희일우하여 휘둘리는 일이 줄고, 지금 할 수 있는 일에 집중하기 쉬워졌다고 이야기해 주었습니다.

아무리 노력해도 결과를 못 내는 일도 있을 수 있고, 손을 놓아 버려도 말끔하게 처리되는 경우도 있습니다. 일을 타율로 생각하여 기분을 전환하고, 다음 타석에 집중하십시오. 야구에서는 타석에 들어서지 않으면 히트를 치지 못합니다. 업무도 마찬가지입니다. 거절당해도 계속하여 제안하는 한 계약을 성사시키고, 기획안이 통과되고, 계약 성공률도 올라가는 것입니다.

ROUTINE

21

지루한 회의 대처법, 리프레이밍Reframing

예상 밖으로 질질 끌면서 진행되어 시간이 아깝다고 생각되는 회의에서는, '회의시간 = 통합된 시간'으로 간주하여 '회의가 끝나면 할 일'을 생각합니다.

회의의 효율화는 영원한 과제의 하나라고 할 수 있습니다. 실제로 시간의 낭비라고밖에 생각되지 않는 회의나 협의가 예정되어 있는 것만으로 의욕을 잃어버리는 경우가 있습니다.

불필요한 회의는 개최하지도 참가하지도 않는 것이 이상적이지만, 전부 무시하기는 어려운 것도 현실입니다.

더욱이 회의가 길어지게 되면 회의가 끝났을 때는 아주 지쳐서, 휴식을 취하지 않으면 업무를 재개할 수 없는 일도 있습니다.

이럴 때에는 회의시간을 '구속시간'이 아니고 '의외로 통합된 시간'으로 간주해 보십시오. 그러면 '시간을 유효하게 활용하기 위해서는 어떻게 하면 좋을까?' 하고 사고를 전환할 수 있습니다.

코칭에서는 이것을 '리프레이밍Reframing, 틀 새로 짜기'이라고 합니다.

가장 간단히 실천할 수 있는 것은 "회의가 끝나면 하고 싶은 일을 생각한다"라는 루틴입니다. 아직 다 하지 못한 업무상 일이나 잊어버린 것은 없는가 등을 체크하는 시간을 갖는 것입니다.

예를 들면, 회의 참가자의 얼굴을 한 사람 한 사람 바라보면서, '아! A씨에게 부탁받은 서류, 아직 전하지 못했다'

라든지, '더욱 확실히 하기 위해 저 안건은 B씨와도 공유해 놓는 편이 좋겠지' 등을 확인할 수도 있습니다.

당신에게 있어서 중요도가 낮은 회의는 아무 것도 하지 않고 버려지는 시간인지도 모릅니다. 그것을 "어떻게 해야 의미 있는 시간으로 만들까"라는 게임으로 간주해 보면 아이디어가 솟아납니다. 더욱이 회의시간을 유효하게 사용할 수 있다면 그것만으로도 뭔가 얻은 기분이 듭니다.

저는 회사원 시절에 회의시간을 사용하여 업무시간을 단축하는 아이디어를 생각했던 시기가 있었습니다. 저의 고객 중에는 시간이 오래 걸리는 회의를 평소에는 잡히지 않던 일을 천천히 생각할 수 있는 시간으로 간주하고 있다는 분도 있습니다. 자신의 업무상의 과제는 무엇인가, 그것에 대하여 어떤 대책을 갖고 있는가, 팀으로서의 기능은 하고 있는가 등을 생각하는 시간으로 만든 것입니다.

우리들은 마지못해 참가한 회의에서 자신의 에너지를 소모시킬 수도 있으며, 이와 반대로 회의 종료와 동시에 '자, 업무개시!'라고 스위치 온 상태가 될 수도 있습니다. 리프레이밍을 함으로써 어느 쪽 상태가 될 것인가는, 언제나 자신의 선택에 달려 있습니다.

직장에서의
전화대응 스트레스 줄이기

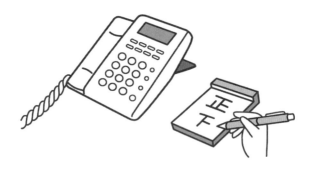

전화 대응하기에 바빠서, 업무가 나아가지 않아서 몹시 짜증이 날 때에는,
전화에 대응한 횟수를 '정(正) 자'로 표기하여 카운트해 보면 냉정함을 되찾고,
이후의 대처법도 세우기 쉬워집니다.

누가 전화에 응대할 것인가?

이 싸움은 실제로 매우 치열할지도 모릅니다. 영업하러 모두 다 나가고 사무실에 소수의 직원밖에 없는 경우는 할 수 없다고 하더라도, 한 사람 또 한 사람씩 회사로 돌아와 사무실에 복수의 직원이 있는 상태라면 전화벨이 울릴 때 어떻게 하고 있습니까?

"지금 바빠서 전화 응대할 수 없습니다"라는 분위기를 띠면서, 다른 사람이 있을 때는 전화 응대를 하지 않는 분도 있고, '아니, 아니, 바쁘기는 나도 마찬가지지만…' 하고 마음속으로 생각하면서도 전화 응대를 하는 분도 있을 것입니다.

물론 '전화 응대를 할까 말까'는 당신이 결정해도 좋은 사항입니다.

예를 들면, '자기는 신입사원이므로, 솔선하여 전화 응대 정도는 하고 싶다'고 정하고, 모든 전화 응대를 하는 것도 선택할 수 있습니다. 그 결과 퇴근시간이 다 지나도 아직 업무가 끝나지 않아 잔업을 하게 되어도, 자신이 납득하고 있기 때문에 그렇게 많이 스트레스가 되지는 않습니다.

또 '따로 응대하는 사람이 있는 한, 전화 응대는 하지 않는다'고 정할 수도 있습니다. 그 결과 업무효과는 올라가겠지만, 사내에서 외톨이가 되기도 하고, 만일의 경우에는 도움을 받기 어려울지도 모릅니다. 어떤 선택을 하여도, 이익과 불이익을 자신이 감당할 각오가 되어 있으면 문제가 없다고 하겠습니다.

다만 '언제 전화 응대를 하고, 언제 하지 않을까'를 분명하게 결정하지 못하는 사람이 많은 것이 현 실정입니다. 줄곧 전화 응대만 하면 '어쩐지 항상 자신만 전화 응대를 하고 있는 기분이 든다'며 속상해하든지, 전화 응대를 하지 않았으면 또 그것대로 '언제나 전화 응대해 주어서 드릴 말씀이 없습니다' 등 마음이 개운치 않게 되어 버립니다.

사람은 자신이 결정한 것, 자발적인 행동이라면, 크게 스트레스를 느끼지 않고 실행할 수 있습니다. 반대로 똑같은 전화 응대라도 마지못해 억지로 한다는 느낌을 갖고 행하면, 에너지 소비가 커집니다.

따라서 전화 응대도 '자신이 결정한다'면 스트레스가 줄어듭니다. 예를 들면, '하루에 10통은 내가 전화 응대를 한다'는 등의 상한선을 정하고, 응대한 횟수를 正 자로 기록하여 카운트해 보십시오.

정해진 횟수에 도달하면 그때부터는 전화 응대를 하지 말고, '자신의 업무에 집중하여도 좋은 시간대'라고 정하는 것입니다.

코칭에서는 이것을 '가상의 결정, 가상의 행동'이라고
합니다. 가상이지만 자신이 정해 놓으면 누가 시켜서 한
다는 느낌을 불식시킬 수 있어, 기분 좋게 일할 수 있는
시간이 증가합니다.

사람에게는 제각각의 페이스가 있기 때문에 '가상의 결정'
내용은 상태를 보아 가면서 결정하십시오. 저의 고객 중
에는 계속하여 전화 응대하는 것이 힘들어 '5통 전화 응대
하면, 5통은 응대하지 않는다'고 정해 놓은 분도 있습니다.

전화 응대한 횟수를 카운트함으로써 행동을 '가시화'한
다는 노림도 있습니다. 객관적으로 전화 응대한 횟수를
기록함으로써 '어라, 나만 전화 응대를 하고 있는 기분이
었는데 단지 3통밖에 되지 않았구나. 야단 떨 것도 없었구
나' 하고 생각하게 되고, '나는 오늘 20통이나 전화 응대를
했구나. 업무가 순조롭게 될 리가 없다'는 등의 사실을 파
악하면 냉정해지는 것입니다.

ROUTINE

23

내키지 않는
전화 응대법

전화를 걸기 전에, 천장을 쳐다보듯이 위를 향하여 불안하거나
안절부절못하는 마음을 발산합니다. 그 다음에 입꼬리를 '빙긋' 올리면,
기분을 조금 나아지게 할 수 있습니다.

클레임 대응의 전화나 회답이 지연된 안건의 전화 등, 전화하는 것이 조금 '귀찮고 내키지 않는구나' 싶게 느껴질 때 사용할 수 있는 루틴을 소개합니다.

그것은 "위를 보면서, 입꼬리를 올린다"라는 것입니다. 간단한 것이기에 당신도 시험 삼아 지금 당장 시도해 보십시오. 턱과 함께 시선도 죽 올려서, 천장을 쳐다보고 숨을 한번 쉬어 봅니다. 어떻습니까? 기분이 조금 나아지지 않았습니까?

이 루틴은 간단한 2개의 단계로 되어 있습니다.

먼저 위를 향하여 부정적인 기분을 발산합니다. 다음에 입 꼬리를 빙긋^{대략} 1mm 올립니다. 괴롭거나 싫은 감정을 발산하여 리셋하고 나서, 기분을 긍정적으로 전환한다는 느낌으로 실천해 보십시오.

위를 향하면 좋은 점이 2개 있습니다. 하나는 사람은 위를 쳐다보면서 부정적인 것을 계속해서 생각할 수 없다는 것입니다. 자신의 감정을 직접적으로 컨트롤하는 것은 어려우나, 자세를 변화시킴으로써 기분을 변화시키는 것은 누구라도 간단하게 할 수 있습니다. 또 하나는 위를 향하는 것만으로도 시야가 넓어진다는 것입니다. 시야가 넓어지면 조금이라도 기분에 여유가 생기고, 눈앞의 현실에서 잠시 벗어날 수도 있습니다.

'눈은 노출된 뇌'라는 말이 있을 정도인데, 실제로 인간의 눈의 움직임은 뇌의 작용과 밀접하게 관련되어 있습니다. 예를 들면, 시선의 위와 아래, 정확하게 말하면 오른쪽 위가 '미래'이고, 왼쪽 아래가 '과거'입니다.

싫어하는 것을 생각하든지, 회고할 때에는 눈이 아래로 움직입니다. 즉, 밑을 향하면 사고는 과거로 향하게 됩니다. 마음이 내키지 않을 때 눈이 아래로 향하면, 마음이 내키지 않은 원인을 찾기 시작하든지, 비슷하게 마음이 내키지 않았던 과거의 일을 생각해 내게 됩니다.

한편 인간의 눈이 위로 움직일 때는, 이미지를 새롭게 그릴 때입니다. 장래의 밝은 전망이나 긍정적인 이미지를 그리기 위해서는 눈을 위로 향하는 쪽이 좋습니다. 마음이 내키지 않을 때 위를 향하면 '기분이 내키지 않는구나. 그렇다면 지금부터 어떻게 할까?' 하고 사고가 미래로 향하게 됩니다. 이와 같은 이유로 자신의 감정을 긍정적으로 갖고 가고 싶을 때, 또 부정적인 감정에서 빠져나오고 싶을 때, 눈을 위로 향할 것을 권하는 바입니다.

또 입꼬리를 빙긋 올리면 자연히 미소를 짓게 됩니다.

사람은 웃으면 긍정적이 되고 미래 지향적이 됩니다. 심리학에서도 미소를 띤 표정을 강제적으로 지으면 감정도 긍정적으로 변한다는 것이 증명되어 있습니다_{독일 만하임 대학의 스팁펠 박사의 연구 등}.

당신이 조금이라도 긍정적인 상태가 되면, 자연히 전화의 목소리도 한 톤 올라갑니다. 그 '좋은 느낌'으로 전화를 받는 고객에게도 보다 좋은 영향을 주는 자신이 되어 갑니다.

ROUTINE

24

실수, 양복의 먼지와
함께 털어 내자

실수
실수

실수를 만회하기에 앞서, 마음의 동요나 쇼크로부터 기분을 전환하는 것이 먼저입니다. 실수나 실패로부터 주의를 딴 데로 돌리는 행동을 정해 놓으면, 단시간에 기분을 전환할 수 있습니다.

실수나 실패를 하여 뜨끔한 맛을 본 적은 누구라도 몇 번이나 있게 마련입니다. 우리들은 기계가 아니고 사람이기에 감정의 부침도 있으며, 컨디션의 좋고 나쁨도 있습니다. 또, 다른 사람과의 궁합에 좋고 나쁨도 있기 마련입니다. 그래서 실수를 하지 않기 위한 대책을 세우는 것도 필요하지만, '실수를 한 후 어떻게 대처할까'도 중요합니다.

당신 자신이 원인이든 아니든, 고객에게 폐를 끼치기도 하고, 회사에 손실을 초래하게 되면 누구라도 풀이 죽어 버립니다. 그리하여 '이렇게 될 줄 알았다면 이 일을 하지 않았던 편이 좋았겠다', '어찌하여 좀 더 확실하게 확인하지 않았지', '왜 저런 짓을 해 버렸을까' 하고 자책하는 일도 있습니다.

그렇지만 트러블이 생겼을 때 실패를 만회하고 트러블을 회피하려 초조한 마음으로 행동하면, 더욱더 큰 트러블로 확대되는 일이 생길 수도 있습니다. 소위 2차 재해, 3차 재해가 되는 것입니다.

이것은 긴급한 상태가 되면 뇌의 원시적 회로가 작동하기 때문입니다. 이 공포의 회로가 작동하면 아드레날린이 나와, 호흡수나 심박수가 증가하고 땀을 흘립니다. 그렇게 되면 자동적으로 '도망칠까', '싸울까'의 준비가 시작됩니다. 또 뇌의 비상 스위치가 켜지기 때문에, '살아남는다'

의 목적 이외의 두뇌활동은 저하되고, 위기 발생원에 의식이 집중되어 버립니다. 업무상 트러블이 생겼을 때 책임을 회피하든지, 허를 찔리든지, 판단착오를 하는 것 등은 이 뇌의 공포회로의 작동 때문인지도 모릅니다.

그러면 이 공포회로를 차단하기 위해서는 어떻게 하면 좋을까요. 이럴 때는 심리학에서 '사고정지법Thought stopping'이라고 불리는, 사고정지를 위한 루틴을 실행합니다. 구체적으로는 양복의 먼지를 털면서 동시에 '실수도 털어버린다'라는 것입니다.

실수나 실패의 반성이나 분석은 뒤로 돌리고, 우선은 부정적인 사고나 감정을 일시 정지시켜, 눈앞의 문제처리에 집중합니다. 이때 머릿속에서 '정지' 명령을 내려도 공포회로를 바로 차단시키지 못할 수 있습니다. 그래서 양복의 먼지를 턴다고 하는 '행동'을 도입하여, 공포로부터 주의를 돌리는 것입니다.

코미디언이자 방송인인 아카시아 산마明石家さんま 씨의 좌우명인 "살아 있는 것만으로 깡그리 이득이다"라는 말에, 저 자신도 문득 생각나는 경험이 있습니다. 업무상 저지른 실수로 자신의 생명을 잃는 일은 우선 없습니다. 대개의 경우는 어떻게든 됩니다.

그래도 실제로는 끙끙대거나 마음이 개운치 않아 떨떠름하여 풀이 죽은 채로 있게 되는 경우도 있다고 생각합니다. 절체절명의 위기일 때야말로 일단 태도를 바꾸어 대범하게 대처합니다. 그러고 나서 냉정하게 처리하는 것이 쇼크를 벗어나지 못한 채 생각하는 것보다 건설적인 타개책을 발견할 확률이 높아집니다.

부디 당신도 '사고 정지법'을 활용해 보십시오.

ROUTINE

25

좋은 자세가
집중력을 높인다

너무 열심히 하여 집중력이 바닥날 듯하다. 그런 상태를 바로잡고 싶을 때는
배를 힘껏 당기어 홀쭉하게 합니다. 이 상태를 잠시 유지하고 있으면, 산뜻하고
야무진 기분으로 일을 할 수 있습니다.

아주 긴장하는 일을 장시간 계속하다 보면, 아무래도 집중력이 지속되지 않습니다. 그렇지만 아직도 중요한 업무가 남아 있어서….

'정신력'으로 이겨낼 수 있을 동안은 괜찮지만, 누구라도 기분이 처지기 시작하면 등이 점점 둥글고 굽게 되든지 앞으로 숙여져 고양이 등처럼 되기 쉽습니다. 그렇게 되면 시선이 내려가기 때문에, 시야가 점점 좁아지고 기분은 더욱더 저하되어 버립니다.

이러할 때 휴식을 취하지 않고도 간단히 다시 고칠 수 있는 루틴을 소개합니다.

배에 지긋이 힘을 주어 오목하게 당기는 것입니다. 이렇게 하면 자세가 좋아집니다. 자세는 기분에도 영향을 미치지만 집중력에도 영향을 미칩니다. 자세가 좋아지면 기분도 좋아지고, 집중력도 지속하기 쉬워집니다.

무도의 달인은 집중력의 달인이기도 하지만, 고양이처럼 등이 굽은 사람은 거의 볼 수 없습니다. 그것은 자세를 바르게 하는 것만으로 집중력이 향상되기 때문입니다.

그 이유는 2가지가 있습니다.

하나는 자세가 좋아지면 척추 신경회로의 전달이 자연

스럽게 이루어지기 때문입니다. 척추는 중요한 신경이 집약되어 있는 곳이고, 제2의 뇌라고도 불리고 있습니다. 자세가 좋아짐으로써 신경전달이 매우 자연스러워지는 이유입니다.

또 하나는 자세가 좋아짐으로써 기관의 소통이 자연스러워지고, 그 결과 호흡이 깊어지게 됩니다. 그러면 혈액순환이 증가하여 산소도 충분히 공급되기 때문에, 결국 뇌에 공급되는 산소의 양도 늘어나 집중력이 향상되는 것입니다.

어째서 배를 오목하게 하는가 하면, '좋은 자세'라 하는 것은 추상적인 말이기 때문에 사람에 따라서 취하는 방법이 제각각이기 때문입니다. "자세를 바로 하십시오"라고 말해도, 알아듣지 못하는 사람이 있습니다. '배를 홀쭉하게 한다'고 하면, 누구라도 결과적으로 턱을 당기고 등을 펴 아름다운 자세가 됩니다.

무언가 행동을 하려고 해도 잘되지 않는 경우, 그 원인이 '행동의 정의가 애매하기 때문'인 탓도 있습니다. 그러할 때에는 누구라도 쉽게 이해할 수 있고 바로 실천할 수 있는 표현으로 바꿈으로써, 확실한 행동을 할 수 있게 합니다.

여담이지만 저의 고객 중에는 이 배를 오목하게 하는 루틴을 실천하고 나서, '배꼽 주위가 산뜻해져 무척 편하게 되었다'는 덤도 따라왔다며 기뻐하는 분도 있습니다.

기분은 전환되어도 곧바로 느슨하게 처져 버리는 일도 있으나, 자세는 한번 바로잡으면 어느 정도 지속됩니다. 회의 중일 때 등 그다지 움직임이 없을 때에도 이 루틴을 실천할 수 있기에 추천하는 바입니다.

ROUTINE

26

책상과 PC를
함께 정리하라

책상이 어질러져 있어서 업무에 집중할 수 없을 때에는,
책상과 PC 데스크톱이라는 '두 개의 데스크'를 정리 정돈합니다.

책상과 PC 데스크톱이라는 '두 개의 데스크'가 너저분하게 되어 있으면, 곧바로 업무 모드로 전환하는 것이 어렵습니다. 머리가 어수선하여 정리하는 데 시간이 걸릴 뿐만 아니라, 필요한 물건이나 정보에 액세스 하는 데도 시간이 걸리기 때문입니다.

책상 위에 서류나 필기기구가 흩어져 있는 상태는, 실제로 생각하고 있는 것 이상으로 우리들에게 부담이 됩니다. 우리들은 의식하든 의식하지 않든 물건이 있는 것만으로도 그것을 관리하기 위해 에너지를 소모하고 있습니다. 왜냐하면 전술한 그대로, 사람은 시각으로 얻는 영향이 크기 때문입니다.

이것은 PC 데스크톱에도 마찬가지라고 할 수 있습니다. 책상이 어질러져 있어서 넌더리가 날 때에는, 책상 주변과 PC 데스크톱 '두 개의 데스크'를 정리하는 루틴을 실행합니다. 눈에 보이는 시야가 산뜻하면 기분도 사고도 산뜻해지기 때문에 집중력이 올라갑니다. 저의 고객 I씨는 중요한 업무의 마감일이 오기 전에, 반드시 책상 위나 데스크톱을 깨끗하게 정리해 놓는 것을 루틴으로 하고 있습니다. 사무환경을 정리해 좋은 기분을 유지하는 것도 자기관리Self management에 효과적입니다.

ROUTINE

27

정리하기에 바쁘면
쓰레기통이라도 비운다

책상이 어질러져 있어도 정리 정돈할 기분이 안 들 때에는, 한 번에 깨끗하게
하지 않아도 좋습니다. 우선 '쓰레기통을 비우는' 것부터 시작해 보십시오.

'두 개의 데스크'를 정리한다면 환경도 기분도 산뜻해진 다고 하지만, 정리하는 것이 서툰 사람이 갑자기 정리·정 돈을 하기에는 장애Huddle가 너무 높습니다.

서툰 사람일수록 한꺼번에 깨끗하게 하려는 경향이 있 습니다. 다만 업무로 바쁜 와중에 두 개의 데스크를 완벽하 게 깨끗이 하려고 하면, 굉장히 귀찮게 느껴지게 됩니다. 그러다 보면 '굳이 오늘 하지 않아도 좋지 않은가' 하고 조 금씩 뒤로 미루어 버리게 됩니다. 이럴 때 바로 사용할 수 있는 루틴을 소개합니다.

요령은 단지 한 곳이라도 좋으니 "오늘은 이곳을 정리 한다"라고 정하고 너무 욕심내지 않는 것입니다.

우선 책상보다 시작하기가 쉬운 "쓰레기통을 비운다"라 는 루틴을 실행해 보십시오. 쓰레기통 하나만이라도 깨끗 해지면 기분이 가벼워집니다. 산뜻한 느낌과 좋은 기분이 전파되기에, 이번에는 본격적으로 책상을 깨끗하게 하고 싶어집니다. 기분이 더 나아진다면 서류를 문서절단기에 넣든지, 데스크 위를 걸레질하는 등 간단한 것을 추가해 보십시오.

청소는 한꺼번에 하려고 하면 시간도 많이 걸려서 시작 하기 힘들게 됩니다. STEP 1에서 행동의 장애물을 낮추기 위해서는 정크덩어리를 작게 만들면 좋다고 했습니다. 청소를 할 덩어리가 작아지면 실행하기 쉬워집니다. 길어도 1분 이내로 끝낼 수 있는 간단한 행동을 조금씩 하면 의외로 스트레스가 없어지기 때문에 권하는 바입니다.

ROUTINE

28

업무 페이스 되찾기,
음료수를 마신다

모처럼 집중하고 있을 때 업무가 중단된 경우 페이스를 회복하기 위한 방법은,
음료 등을 마시는 것입니다. 커피나 차를 마시고, 당신의 페이스로 돌아가십시오.

좋은 느낌으로 한창 업무에 집중하고 있을 때, 생각지도 못한 이유로 업무가 중단되어 안절부절못하고 마음이 개운치 않아 떨떠름한 기분인 채로 업무를 재개한 적은 없습니까?

예를 들면, 기획서 작성에 열중하여 '이제 조금만 하면 완성이다!' 싶을 때, 상사에게 "○○ 씨, 잠시 오십시오"라고 호출당한다든지, 급한 고객의 방문에 대응하기 위해 자리를 뜨게 되었다든지 하여 업무가 중단되어 버린 것입니다. 그 때문에 모처럼의 분위기가 사라져 다시금 업무에 집중하기가 어려워진 쓰라린 경험은 누구라도 있을 것입니다.

이럴 때는 어떻게 하면 부드럽게 업무를 재개할 수 있을까요?

저는 찻집이나 호텔의 라운지에서 고객과 대화하거나 협의를 할 때가 있습니다. 그럴 때 직원이 틈을 보아 주문을 받거나 마실 것을 갖고 오면 '서비스가 좋구나' 하고 감격할 때가 있습니다. 한편으로, 대화가 한창 무르익었을 때 "실례합니다"라고 끼어들어 그때의 페이스를 잃어버린 경험도 몇 번이나 있었습니다.

그러면 '어째서 이런 타이밍에서 주문을 받지', '마실 것을 가져오려면 1분 후에 갖고 왔으면 싶었는데' 등등 안절부절못하고 마음이 개운치 않아 떨떠름한 기분인 채 고객과의 대화나 협의에도 집중할 수 없게 되어 버립니다.

이러한 장면에서는, 저는 '일단락 후 재개'를 하고 있습니다. "모처럼 드링크를 마시고 나서 재개할까요?"라고 말하며 일단락하고, 음료 등을 마신 후에 재개하면 다시 집중할 수 있습니다.

당신이 바라지 않은 타이밍에서 업무가 중단되어 버렸을 때는, 드링크를 마신다는 '일단락 후 재개'의 루틴을 실행하십시오. 루틴의 목적은 '방해되었다'는 싫은 흐름을 차단하고, 자신의 페이스를 되찾는 것입니다. 그를 위해서 드링크를 마시는 것은 물론, 자동판매기 등으로 가서 직접 마실 것을 사는 것도 괜찮습니다. 커피나 차를 타는 것도 좋겠습니다. 어쨌든 자신의 페이스로 돌아오면 되는 것입니다. 드링크를 마시고, 당신의 페이스를 되찾았다면, 신속하게 자신의 업무로 돌아가십시오.

그런데 일단 자신의 페이스로 돌아왔음에도 불구하고 다시금 상사 등이 옆에서 계속 방해해 온다면…. 저의 경우 이렇게 또다시 중단되어 버렸을 때는 '그 상사의 용건이 지금 업무의 아이디어와 연결되지 않을까?' 하고 긍정적으로 생각합니다. '방해'가 아니고 '힌트'가 내려왔다고,

저에게 유리하게 생각하고 있습니다.

'일어난 일은, 무엇이라도 하는 일과 연관이 있다'라고 간주하면, 어떤 일이 일어나든지 화를 내지 않고 중립적인 자세를 취할 수가 있습니다. 이것도 의욕을 컨트롤하는 요령 중 하나입니다.

ROUTINE

29

휴식 전에는 '10초 작업' 메모를 PC에 붙인다

휴식을 취하기 전에, 업무 재개 후 할 '커맨드(Command, 작업)'를 1개만
메모합니다. 휴식 후 곧바로 업무를 시작하는 요령입니다.

- 별것 아닌 5분간 휴식을 취한 것뿐인데, 생각 밖으로 기분이 풀려 버렸다.

- 화장실에서 제자리에 돌아와도 업무 모드로 바로 들어가지 못하고, 결국 인터넷 검색을 하며 30분이나 낭비하고 말았다.

- 당장 집중하지 못했기 때문에 기분전환을 위해 휴식을 취했는데도 또 다른 일에 신경이 쓰여 더욱더 업무에 집중할 수 없게 되어 버렸다.

이와 같이 휴식 등으로 자리를 뜬 때가 "있다, 있어!"라고 할 것입니다. 업무에 보다 집중하기 위해 휴식을 취했는데, 오히려 그것이 원인이 돼 긴장이 너무 풀리는 바람에 느슨한 모드로 전환된 것입니다. 그런 모양이 계속되면 '휴식을 취하지 않은 것이 낫다'가 되기 쉽습니다. 그렇게 되면 휴식의 이점을 살리지 못하고, 도리어 맥이 풀린 채 업무를 볼 가능성이 있습니다.

휴식을 취한다면 '당신의 타이밍에 능동적으로'가 철칙입니다. 왜냐하면 자신의 의지로 멈춘^{off} 업무 모드는, 다시금 자신의 의지로 돌아오기^{on} 쉽기 때문입니다.

DVD로 예를 든다면, 재생을 중단할 때 '일시 정지'와 '정지' 중에서, 어느 쪽이 재개하기 쉽겠습니까? '일시 정지'이면 재생 버튼을 누르는 것만으로 재개할 수 있지만, '정지'해 놓으면 챕터를 고르는 등의 수고가 필요합니다.

자주적인 휴식은 '일시 정지', 강제적인 휴식은 '정지'에 가까운 이미지입니다.

휴식을 취해도 자주적인 휴식을 취하는 것이 좋습니다. 그래서 휴식을 갖기 전에 해 두면 좋은 루틴이 있습니다. 그것은 "재개 후 최초로 시작할 업무를 메모해 놓는다"라는 루틴입니다. 이 메모를 쓰는 방법도 요령이 있습니다. "당장 〇〇한다"라는 형태로 적어 보십시오. 그러면 책상으로 돌아왔을 때 자연스럽게 업무를 재개하기 쉬워집니다.

저는 언제나, 재미가 있어서 조금씩 하는 '게임 감각'을 업무에 활용한다면 좋겠다고 생각하고 있습니다. 가장 응용하기 좋겠다고 생각한 것이 '드래곤 퀘스트Dragon Quest' 시리즈로 대표되는 롤플레잉 게임Role-Playing Game, 이하 RPG입니다. RPG에는 업무에 적용할 수 있는 좋은 요소가 몇 개나 있습니다. 그중 하나가 명확하고 수가 제한되어 있는 명령이라고 생각합니다. 대개 RPG에서는 '조사하다', '말하다', '싸우다', '회복하다' 등의 명령이 명확하기 때문에 헤매거나 시간을 낭비하는 일이 없습니다.

실은 우리들이 휴식 후 바로 업무에 집중할 수 없는 원인 중 하나는 '명령이 불명확'하거나 무수하게 많은 것을 이유로 들 수 있습니다. 당신이 휴식 후에 옆 사람과 잡담

하는 것도, 인터넷 검색을 하는 것도, 새로운 업무를 시작하는 것도, 휴식 전의 업무를 재개하게 해 주기는 합니다. 그러나 휴식 후에 무엇을 할까를 보다 명확하게 정해 놓지 않으면, 매끄럽게 업무를 재개할 수 없게 됩니다.

휴식 후에 'OO한다'라고, 명확한 명령 한 개만을 정해 놓으면, 망설이지 않고 업무로 돌아올 확률이 높아집니다. 이것도 뇌의 의욕 스위치인 '측좌핵'을 움직이기 위한 것입니다. 재차 말하지만 뇌 과학적으로도 '의욕'을 내는 요령은 '우선 움직인다'는 것입니다.

메모는 '당장 OO의 서류를 본다', '당장 A씨에게 답장' 등 10초만 있으면 착수될 수 있는 내용으로 해 두면, 보다 원활하게 업무를 재개할 수 있습니다. 저는 이를 통상 업무To Do 리스트와 구별하기 위하여 '10초 명령 메모'라고 부르고 있습니다. 만약 휴식 후에 원활하게 업무를 재개할 수 없었다면, 다른 10초 명령을 시험해 보면 좋을 것입니다.

10초 명령 메모는 마우스 위나 PC 화면 등, 돌아와서 바로 눈이 가는 곳에 부착합니다. 평소 PC를 사용하지 않는 분은 책상의 한가운데나 데스크 매트 위 등, 알기 쉬운 곳에 메모를 놓아 둡니다. 여유가 있으면 자리를 뜨기 전에 필요 서류를 책상 모퉁이에 세팅해 놓으면, 돌아왔을 때 보다 자연스럽게 재개할 수 있습니다.

ROUTINE

30

부정적인 감정이 들 때
화장실에 가서 씻어 낸다

회사에서 기분이 좋지 않을 때는, 어쨌든 일단 그 장소를 떠납니다.
부정적인 감정은 화장실에서 손을 씻음으로써 물에 흘려보냅니다.

STEP 2

ROUTINE

30

전환

- 상사와 언쟁이 있었다
- 대수롭지 않은 한마디에 상처를 입었다
- 고객한테 전화로 호통을 들었다
- 동료의 성과가 솔직하게 기쁘지 않다

이처럼 사람은 누구라도 초조해지고 멍해져서, 마음이 개운치 않고 떨떠름한 상태에나락에 빠지기도 합니다. 너무 빠져들지 않도록 정신을 단련하는 것도 가능하겠지만, 지나치게 풀이 죽었을 때는 '얼마만큼 빠르게 다시 일어날 수 있을까'를 생각하는 것을 권하는 바입니다.

업무상 잘나가는 사람을 관찰하고 있으면 좋지 않은 상태로 빠지지 않는 것이 아니라, 기분의 전환이 빠르다는 것을 볼 수 있습니다. 좋지 않은 상태를 필요 이상으로 오래 끌지 않기 때문에 '다음에 닥친 일'에 집중할 수 있습니다. 한편 좋지 않은 상태를 질질 끌어 버리는 사람은 일단 기분이 상하면 만회하는 데 시간이 걸립니다. 업무상 좋지 않은 일이 있을 때는 정신력을 단련하지 않아도 할 수 있는, 전환의 루틴으로 기분을 바꾸어 보십시오.

직장에서 좋지 않은 일이 있었다면, 그 장소를 재빨리 떠나는 루틴을 곧바로 실행하십시오. 무리하게 그곳에서 계속 부정적인 감정을 그대로 갖고 뭔가를 하면, 더욱더 부정적인 결과를 낳기 쉽습니다. 스모일본 씨름의 역사씨름꾼도 타이밍이 나쁘면 일단 그 자리를 벗어나서 기분을 전환합니다. 구체적으로는 '가고 싶지 않아도 화장실에 가십시오.' 그렇게 하면 다음의 두 가지 효과를 얻을 수 있습니다.

(1) 싫은 감정이 생긴 공간에서 일단 벗어나옴으로써 기분을 바꿀 수 있다.

(2) 손을 씻음으로써 물과 함께 좋지 않은 기분을 흘려보낸다.

저의 고객 I씨는 전화 응대 등으로 자리를 떠날 여유가 없을 때는 '폭포 옆에 있다'라고 상상한다고 합니다. 그러면 미스트안개 샤워가 흘러내리듯, 그 장소의 공기도 기분도 산뜻해져서 기분 전환이 될 수 있다고 했습니다.

이것도 '사고 정지법'의 한 종류입니다.

실제로 손을 물로 씻거나, 상상으로 물을 흘려보냄으로써 좋지 않은 것을 모두 물에 흘려보내는 효과가 있습니다. 손을 씻는 것 외에도, 얼굴을 씻거나, 양치질을 한다든지, 이를 닦아도 좋겠습니다. 코칭에서는 이것을 '클리닝Cleaning'이라고 합니다. 지금 안절부절못하고 있는 것을 깨끗하게 일소시킨 후, 산뜻한 상태로 주제에 들어가는 기술입니다.

STEP 2

ROUTINE

30

전환

또 울고 싶을 때는 무리하여 참을 필요가 없습니다. 눈물에도 클리닝 효과가 있기 때문에, 좋지 않은 기분을 씻어 내 줍니다. 북받쳐 오르는 것이 있으면, 화장실 등의 개인공간에서 마음껏 울면 기분이 산뜻해집니다.

이 루틴은 기업 연수에서 전해 주면 특별히 좋아하는 것 중 하나입니다. 부디 시험해 보기 바랍니다.

ROUTINE

31

기대와 현실이 어긋날 때, 대처방법

상사에게 주의를 받기도 하여 기분이 처져 있을 때는,
어느 정도 기분이 안정되고 나면 '정말은 어떻게 하고 싶었는가?',
'자신은 무엇을 기대하고 있었는가?'를 분명하게 합니다.

제가 멘탈 코치로서 올림픽 출전선수를 서포트할 때에는 "시합 때까지 좋지 않은 감정을 끌고 가지 않는다"라는 루틴을 소중하게 지키고 있었습니다. 왜냐하면 시합에서는 아무리 준비를 잘해도 생각대로 되지 않거나 실패할 수 있기 때문입니다. 실패하거나 예상 외로 경기가 전개되었을 때 어떻게 해야 기분을 바꿀 수 있을까 하는 것은, 최상급의 운동선수들에게 있어서도 중요한 일입니다.

우리들 비즈니스맨사무직에게도 회사에서 축 처졌을 때 어떻게 단시간에 기분을 바꿀 수 있는가에 관한 문제는, 업무의 효율이나 성과와 직결되어 있습니다. 다시 일어서기 위한 루틴으로 효과적인 것을 소개합니다. 그것은 '정말은 어떻게 하고 싶었는가?', '정말은 어떻게 되고 싶었는가?'를 생각하는 것입니다.

실은 '기대와 현실'이 어긋나는 것이 사람을 화나게 하기도 하고, 좋지 않은 상태로 빠지게 하는 원인 중 하나입니다. 예를 들면, 상사로부터 주의를 받았다고 해도, 마음에 짚이는 것이 있는 경우와 전혀 예기하지 못한 경우 사이에는 분노하거나 좋지 않은 상태로 빠지는 정도가 달라집니다. 사람은 '정말은 무엇을 기대하고 있는가'를 자신도 인식하지 못하고 있는 경우가 많습니다. 그 어긋남을

무시한 채로 앞으로 나아가려고만 하면, 더욱더 어긋나는 정도가 커지기 때문에 수정이 어려워집니다.

테니스 시합에서 미스 샷을 한 선수가 미스 샷 직후에 그냥 허공에 라켓을 2~3회 휘두르는 경우가 있습니다. 이것은 미스 샷을 하여 기대와 현실에 어긋남이 생겼을 때 '정말은 이렇게 치고 싶었다'라는 이미지로, 즉시 라켓을 휘두르고 있는 것입니다. 그러면 성공한 이미지로 전환되고 기분도 바뀔 수 있습니다.

회사에서 좋지 않은 상태에 빠졌을 때는 '정말은 이렇게 하고 싶었다', '정말은 이렇게 되고 싶었다'라고 당신의 기대를 명확하게 합니다. 허공에 라켓을 휘두르는 것처럼 이상형을 이미지화함으로써, 어긋남이 수정되어 기분을 전환할 수 있습니다.

ROUTINE

32

기죽어 자책할 때,
대화상대를 찾아라

아주 풀이 죽어서 자책하게 될 때에는 다른 사람의 힘을 빌려 봅니다.
뜻이 잘 통하는 사람과 이야기를 나누어 마음을 가볍게 하십시오.

상사에게 심하게 노여움을 샀을 때나, 치명적인 실수를 했을 때는 '나 같은 놈은 어차피 안 돼…' 등으로 비관적이 되어 자신을 또다시 책망해 버리기 쉽습니다. 이렇게 되면 '안 돼, 안 돼'라는 소용돌이 속으로 빠져들어 업무에 집중하기 어렵습니다. 그럴 때 동료, 친구, 가족 등 누구라도 당신에 대하여 잘 알고 끈기 있게 들어 줄 사람에게 이야기를 하는 루틴을 실행합니다.

'말하다'의 어원은 '놓다'와 같고 발음도 같습니다.[2] 심리학적으로도 말함으로써 기분이나 생각이 정리되어 좋지 않은 기분을 없앨 수 있습니다. 사내에 무슨 말이든 할 수 있는 사이의 사람이 있으면, 그 자리까지 가서 이야기하는 것도 효과적입니다.

"그래, 그래" 하고 고개를 끄덕이면서, 당신의 이야기에 귀를 기울여 주는 사람이 있으면 점차 기분이 좋아집니다.

....

2 일본어 말하다 話す/hanasu, 놓다 放す/hanasu – 옮긴이 주

ROUTINE

33

싫은 사람을 대할 때, 최악인 사람과 비교하라

대응하기 싫은 사람을 만난다면, 보다 더 '최악인 사람'과 비교해 봅니다.
'그 사람보다는 괜찮지 않은가'라고 생각한다면,
자연히 거북한 사람의 좋은 점도 발견하게 됩니다.

'뭔데 저 사람은 저렇단 말이지. ○○ 씨라면 이렇게 할 텐데…' 등과 같이, 자신이 거북하다고 생각하는 사람을 자신도 모르게 이상적인 사람과 비교하지는 않습니까?

한번 '이 사람은 거북하다, 싫다'라는 생각이 들면, 전술한 '의미부여'의 효과로 그 사람이 하는 모든 것을 싫어하거나, 옳지 않은 것만 눈에 들어오게 되고, 더욱더 험악한 분위기가 될 수도 있습니다.

우리들은 거북한 사람을 대할 때는 자기 맘대로 '이상적인 사람'이나 '가공의 완벽한 사람'과 비교하여 마음속으로 부정을 해 버리기 쉽습니다. 그리고 그런 태도는 말로 나타내지 않아도 상대에게 전달됩니다. 누구든 상대의 눈에 '싫은 놈'이라고 비춰진다면 좋은 기분은 아닐 것입니다.

더욱이 심리학적으로는 '주목'한 곳으로 의식이 가기 때문에 상대방의 싫은 곳에 주목하면 할수록 싫은 점이 눈에 띄게 됩니다.

그러면 어떻게 하면 좋을까요?

'역의 주목'을 하면 좋습니다.

즉 상대의 '싫은 점'이 아니라 '좋은 점'을 보도록 하는 것입니다.

일단 상대의 '좋은 점'에 주목할 수 있으면, '아, 의외로 이렇게 좋은 면도 있었구나' 하고 더욱더 좋은 점을 발견하게 됩니다.

그렇게 말하기는 쉽지만, 거북한 상대의 '좋은 점'을 찾기가 어려울 때도 있습니다. 그래서 제안합니다. 어차피 마음대로 상대와 비교한다면, '최악의 사람'과 비교해 보지 않겠습니까? '어…, 저 사람보다는 괜찮아'라고 생각한다면 된 것입니다. 상대의 좋은 점을 냉정하게 찾는 여유가 생겨납니다.

거북한 사람과 조우한다면 과거에 만난 '최악의 사람'과 비교해 보는 루틴을 실행해 보십시오.

예를 들면, '안 돼'라는 말을 입에 달고 사는 상사라면, 직원들에게 무관심하고 '안 돼'라는 말을 절대로 입 밖에 내지 않았던 이전의 상사와 비교해 볼 경우, 그나마 책임감 있는 사람이지 않느냐는 생각도 듭니다.

또 무엇이든 강제로 일방적으로 결정해 버리는 상사라면, 직원을 너무 존중하여 여간해서 결정하지 못하는 우유부단한 상사와 비교할 경우, 리더십이 있는 사람으로도 볼 수도 있게 됩니다. '그 사람보다는 낫다'라고 생각한다면, 거북한 사람의 좋은 점도 자연히 보이게 됩니다.

본래 상대를 누군가와 비교하여 평가하는 것 자체가 난센스인지도 모릅니다. 그렇지만 업무상 좋고 싫은 감정에 끌려다녀 행동하기보다는, 보는 방향을 바꿈으로써 행동을 변화시키는 편이 보다 좋을 수 있습니다. 이것은 코칭에서 사용하는 '리프레이밍Reframing, 새 틀 짜기'의 일종입니다.

잘나가고 있는 사람을 보면, 누구에 대해서도 변함없는 태도로 중립적인 자세Neutral stands를 취하고 있는 사람이 많습니다.

이 루틴의 목적은 당신의 시선을 바꿈으로써 업무 실적을 올리는 것입니다. 루틴을 사용하여 기분을 전환할 수 있다면, 감정에 휩쓸리는 것은 여기서 멈추고 이후로는 앞으로의 업무에 집중하시기 바랍니다.

34

직장의 인간관계 고민,
5년 후를 상상해 보라

직장에서 인간관계로 고민한다면 '5년 후에 그 사람과
어떤 관계가 되어 있을까?' 하고, 시간을 미루어 생각해 봅니다.

업무수행 중 가장 답답한 것은 아마도 인간관계의 스트레스인지도 모릅니다. 사적인 관계라면 '거북하구나, 싫다'라고 생각되는 사람은 피할 수도 있습니다. 그렇지만 업무와 연관되어 있으면 스트레스를 느끼는 상대가 같은 부서에 있다거나 접촉 빈도가 높아지기도 하기 때문에, '물리적으로 거리를 둔다'는 것이 어려워집니다.

'실수했을 때 상사의 질책이 너무 무서워, 업무에 집중할 수 없다.'

'자신보다 급료가 높은 선배의 뒤처리를, 무엇 때문에 내가 하지 않으면 안 되는가.'

'열심히 하고 있는데도 자신을 바보로 만드는 동료가 있다.'

'업무 중에 사담이 귀찮고 불편을 끼치는데도 그만두지 않는다.'

'히스테리적인 동료한테의 연락은 어째서 항상 나의 역할. 무언가 손해 보는 느낌.'

이와 같은 회사 내의 인간관계에 대한 스트레스는 직장에 근무하는 동안에는 없어지지 않는 것으로, 안절부절못하고 마음이 개운치 않아 떨떠름한 기분이 계속되어 업무의 생산성이 떨어지기 쉽습니다.

인간관계에서 막다른 골목에 이르렀을 때 그 대책의 하나로서, 코칭에서는 "시간을 미루어 생각하다"라는 생각의 전환을 제시합니다. 그것을 이용한 루틴을 소개합니다.

직장의 인간관계에서 불안하고 떨떠름한 자신에게, "5년 후는 그 사람과 어떤 관계가 되어 있을까?"라고 물어보는 것입니다. 내년에는 상대방이나 당신이 다른 곳으로 이동할지도 모르고, 다른 사람이 이동해 와서 관계성이 변할 수도 있습니다. 5년이 지나 어느 쪽이 전직했을지도 모릅니다. "지금의 관계성은 오래는 지속되지 않는다"라는 것입니다. 결국 '일시적인 것'이라는 말입니다.

그렇게 하여도 기분 전환이 되지 않는 경우는, "그런데 5년 전은 어떤 인간관계로 고민하고 있었나?"라고 재차 자신에게 물어보십시오. 그러면 알아차릴 것입니다. 거의 대부분의 사람들이 무엇을 고민하고 있었던가를 생각해 내지 못할 것입니다. 그래도 아직 찜찜할 때는, "'5년 전에 고민하고 있던 인간관계로 지금도 고민하고 있는가?' 그렇게 자신에게 질문해 보기 바랍니다.

직장 내의 인간관계로 야기되는 고민에 한하여 말하자면, 적극적으로 해결하려고 하지 않아도 '시간'이 해결해 주는 것도 적지 않습니다. 만약 그 사람이 이전과 변함없이 같은 부서에 있다고 해도, 상사가 변화함으로써 상황이 변하거나, 당신이 승진하여 상사와 부하의 관계가 아닌 동료의 입장이 될 수도 있습니다.

또 쌍방의 입장에 변화가 없다고 해도 고민이 해결되는 수도 있습니다. 왜냐하면 사람은 날마다 성장하고 있으므로 비록 당신이 자각하지 않아도, 사물을 보는 방법이나 수긍하는 방법도 날마다 변화하기 때문입니다.

예를 들면, '현재의 당신'이라고 하면 용서할 수 없고 수긍할 수 없는 것이라도, '5년 후의 성장한 당신'은 시야가 넓어져 이해할 수도 있다는 것입니다. 그리고 당신만이 아니라 상대도 날마다 변화하고 성장하고 있습니다. 엄밀히 말하면 '지금과 똑같은 상태'라는 것은 없습니다. 직장의 인간관계에 관하여 5년 후에도 지금과 같은 고민을 계속하는 일은 우선 없으므로 부디 안심하십시오.

ROUTINE

35

거북한 사람은
거북한 그대로 받아들여라

당신이 초조해하거나 떨떠름한 기분으로 있는 것은
'거북하다고 생각하는 사람'을 좋아할 수 없는, 당신 자신에 대한 것은 아닌지
생각해 봅니다. 그런 자신을 인정하면 편해집니다.

앞 절을 읽고 '그렇게는 말하기는 쉽지만, 역시 지금 실제로 인간관계로 고민하고 있다면 어떻게 대책을 세우고 싶다'라고 느끼는 분도 있을 것이라고 생각합니다. 그런 분에게는 이 루틴을 권합니다.

"사회인이기에 같은 부서의 사람과는 잘 지내야 한다."
"사람을 싫어해서는 안 된다."
"상사를 존경하지 않으면 안 된다."

등등, 우리들은 언젠가부터 일반론에 생각을 지배당하게 됐습니다.

그렇지만 본래 거북한 사람이 있어도 좋습니다. 초등학교 입학 직후를 생각해 보십시오. 선생님께서 "한 반의 모든 친구와 사이좋게 지내세요"라고 말씀하셨지만, 모두와 사이가 좋았습니까? 이렇게 자문하면 저도 모르게 쓴웃음을 짓게 됩니다. 거북했던 학급 친구의 얼굴이 떠오르기 때문입니다.

물론 누구와도 친하게 되는 것이 최고이자 이상적인 것입니다. 그렇지만 이상을 일방적으로 밀어붙여 자기가 자신의 목을 조이고 있다면, 본말이 전도된 것입니다. 사람은 호불좋아하는 것과 싫어하는 것이 있어도 괜찮습니다. 사람인지라 서로 합이 맞지 않는 사람은 누구라도 있습니다. 그러므로 직장에서의 인간관계로 초조하고, 마음이 개운치 않아 떨떠름하다면, '나는 지금은 ○○ 씨에게 안달복달하고 있구나', 나는 지금은 ○○ 씨가 거북하다고 느끼고 있구나'하고 마음속으로 말해 보십시오. 초조하여 안달복달하거나 떨떠름한 감정은 머리나 이성으로 억제하려고 해도 없어지는 것이 아닙니다. 오히려 그런 감정 자체를 깨끗하게 받아들이는 편이 마음이 산뜻해집니다.

사실은 인간관계로 고민하는 것은 '손해다', '한심스럽다'라고 생각하기 때문에 괴로운 것인지도 모릅니다. '직장에 싫은 사람이 있어도 좋아', '직장에서 인간관계로 고민해도 좋아' 하고 생각한다면 기분이 조금 가벼워지지 않을까요?

단 '그 사람에 대한 나의 호불'과 '그 사람에 대한 나의 대응'은 구별하십시오. 싫은 상대, 거북한 상대라고 하더라도 홀대한다든지 까칠까칠하게 맞부딪치는 것은 근본적으로 다릅니다. 업무상의 인간관계에서는 상대에게 조바심을 느끼고 떨떠름하더라도, 해야 할 일은 확실하게 하는 것이 대전제입니다. 의외로 끈끈하게 사이좋은사이가 너

^무 ^{좋은} 관계보다도, 적당한 거리를 두고 각각 자립하여 열심히 하는 편이 업무의 생산성을 더 높이는 경우도 있습니다.

사람에 지치면
사람 아닌 생물로 기분전환을!

상사에게 야단을 맞거나 동료와 한판 붙어 버렸을 때는, 사무실 내에 있는
식물에 물을 주는 등 사람이 아닌 '생물'을 접하여 기분을 전환합니다.

　직장 내의 인간관계로 피곤해졌을 때는 '인간'이 아닌 '생물'과 접해 보십시오. 실제로 동식물과 접촉하면 정신 면에서 좋은 영향을 받을 뿐만 아니라, 혈압이나 맥박수가 안정되는 것으로 알려져 있습니다.

　'동물치료법애니멀 테라피, Animal therapy'이라는 말도 정착되어 있는 것처럼, 요양 시설에 테라피견이 오면 입소하고 있는 사람들이 정말로 온화한 미소를 짓고 있는 것을 TV나 신문 등에서 보신 분들도 있을 것입니다. 직장 내에 개가 있는 회사도 있습니다. 물론 애완동물을 기르고 있는 회사는 적기 때문에 현실적인 것은 다음과 같은 행동입니다.

- 식물에 물을 준다.
- 꽃병의 물을 교환한다.
- 관상어를 바라본다.
- 사무실 밖의 녹색 식물을 본다.
- 새소리에 귀를 기울인다.

　기분 전환을 위하여, 예를 들면, '직장 내의 식물에 물을 준다'를 루틴으로 해 보십시오. 인간과는 다른 숨결을 느낄 수 있어서 기분이 전환될 수 있습니다. 인간관계로 지쳤을 때는 부디 시험해 보십시오.

ROUTINE

37

안 좋은 근무 컨디션,
몸과 마음을 '점수화'해 본다

몸의 상태가 좋지 않아도 회사를 쉴 수 없다.
그럴 때는 의지만으로 이겨 내려고 하지 말고,
우선은 몸과 마음의 상태를 수치화하여 봅니다.
상태를 알면 대책을 세울 수 있습니다.

메이저리그의 다나까田中將大 씨가 후배들에게 이렇게 이야기한 것을 TV에서 본 적이 있습니다.

"컨디션이 아주 좋은 때는 매우 드물고, 보통이나 나쁠 때가 더 많다. 지금 자신이 할 수 있는 것을 냉정히 생각하는 것도 필요하다."

그 충고를 듣다 보니 매우 공감이 됐습니다. 제가 런던 올림픽에 출전한 운동선수들에게 정신적 지원Mental support을 하던 시기가 있었는데, 그때 선수들에게 충고했던 것과 똑같았기 때문입니다.

초일류 운동선수뿐만 아니라 우리들 비즈니스맨업무직 직원들도 언제나 컨디션이 100% 좋을 수는 없습니다. 왠지 초조하고, 수면부족이나 두통 또는 복통을 안고 있을 때도 있습니다. 그럴 때 효과적인, 초일류 운동선수가 실천하고 있는 루틴을 소개합니다.

'오늘은 컨디션이 좋지 않구나' 하고 느낄 때는 몸과 마음의 상태를 '점수화'해 보십시오.

"지금 '몸의 상태'는 10점 만점에 몇 점?"
"지금 '마음의 상태'는 10점 만점에 몇 점?"
이라고 물어서 당신의 상태를 스스로 채점하는 것입니다.

예를 들어, 몸의 상태가 6점이고 마음의 상태가 2점이었다고 하면, '몸이 피로하다기보다는 기분이 처져 있구나'라고 자신의 상태를 객관적으로 파악할 수 있습니다. 가령, 임시방편이라도 당신의 상태를 수치화할 수 있으면, 점수가 낮을 때 낮은 대로의 대책을 세울 수 있습니다. 2점의 상태가 10점 만점으로 되지는 않아도, 우선 플러스 1점의 상태가 어떤 정도인가를 생각하여 3점으로 올리는 것은 가능합니다.

컨디션이 나쁜 것을 '기분 탓'이라고 자신을 속이려 하는 분도 있겠지만, 그것은 리스크_{손해}가 큰 행위입니다. 자동차로 이야기하면 가솔린의 잔량이 얼마 남지 않아 '급유 램프'가 점멸하고 있음에도 "아직 달릴 수 있어"라며 액셀_{가속 페달}을 계속해서 밟고 있는 것과 같기 때문입니다.

중요한 순간에 컨디션이 나쁜 것은 분하기도 하고 한심하기도 할 것입니다. 그러나 '자신의 현 위치'가 어디인가를 파악하지 않으면 적절한 대책을 세울 수 없습니다. 우선, 현상을 수치화하는 루틴을 실현해 보십시오. 그렇게 2점이면 2점, 3점이면 3점에 해당하는 대책 방법을 모색합니다.

또 컨디션이 나쁜데도 '정신력'만으로 이겨 내려고 하는 분도 있습니다. 분명히, 도저히 놓칠 수 없는 용무가 수 시간 안에 끝난다면 어떻게든 견딜 수 있을지 모릅니다. 그러나 장기전이 되면 그렇게 길게는 계속될 수 없을 것입니다. 자신을 속이고 있어도 사태는 호전되지 않습니다. 어떠한 상태이든지 '당신의 현 상태'를 알고, 그곳에서 조금 더 나아지기 위해 손을 써 가는 것이 요점입니다.

ROUTINE

38

걱정거리는 종이에 적어
서랍에 넣어 버린다

개인적인 일에 신경이 쓰여서 업무에 집중되지 않을 때는
걱정거리 모두를 종이에 적어, 일단 책상 서랍 속에 넣어둡니다.

가족의 건강 상태, 자녀들의 상황, 부부 문제, 주택 대출금의 지불, 자치회의 회합 준비, 응원하고 있는 팀의 시합 결과, 충격적인 뉴스 등 업무 이외의 것에 신경이 쓰여 좀처럼 업무에 집중할 수 없을 때가 있습니까. 사랑의 번뇌, 실연 등으로 머리가 꽉 찬 분도 있을지 모릅니다.

'멀티태스크Multitask: 다중작업'라는 말도 있습니다만, 엄밀하게 말하면 사람은 한 번에 하나의 일밖에 생각할 수 없습니다. 걱정거리로 머리가 가득 차면 업무가 손에 잡히지 않게 됩니다.

이럴 때는 당신이 걱정하고 있는 것이나 신경 쓰고 있는 것을 종이에 적어서, 책상의 '서랍'에 넣어 버리는 루틴을 실시합니다. 일단 적어서 물리적으로 만들어 버리면 사고나 기분을 전환할 수 있습니다.

우선 신경이 쓰이는 것을 문자화합니다. 즉 '시각화'하는 것입니다. 그러면 머릿속에서 추상적으로 생각하던 것이 구체화, 가시화되기 때문에 머릿속이 말끔해집니다. 다음으로 적어놓은 메모를 서랍 속에 넣습니다. 눈앞에서 사라짐으로써 현안 사항이 의식으로 올라오기 어려워집니다.

- 집의 자물쇠를 잠그는 것을 잊지는 않았는지 신경이 쓰인다.
- 자식들은 학교에 잘 등교했는가.

- 축구 중계가 보고 싶구나. 몇 골 들어갔는가 알고 싶다.
- 신경 쓰이는 사람에게 함께하자는 메일을 보냈는데 답신이 없다.
- 그녀와 언쟁을 했지만 화해하고 싶다.
- 시골에서 놀러 왔던 가족은 잘 돌아갔는가.
- 주말의 행사 개최 장소를 확인하지 않았다.

이와 같이 적어낼 수 있을 만큼 적어 보십시오. 업무 중에는 책상 서랍이나 통근 가방 등에 넣어 둠으로써 일단은 제쳐 둘 수 있습니다. 저의 고객 T씨는 신경이 쓰이는 것이 있으면 업무에 집중할 수 없기 때문에, 매일 아침 업무를 시작하기 전에 업무와 사적인 일도 포함하여 "신경 쓰이는 일, 걱정되는 일을 전부 종이에 적어 본다"라는 루틴을 실행합니다.

몸은 여기에 있어도 '지금, 이곳'에 기분이나 생각이 없으면, 업무에 집중할 수 없습니다. 그렇게 되지 않기 위해서도 현안 사항은 일단 출력하여 물리적으로 거리를 두어 보십시오.

ROUTINE

39

잔업 전 기분 전환,
사내社內 산책

잔업을 할 때는 지금 근무 중인 사무실을 나와 산책을 해 봅니다.
자기 나름의 단락을 짓고, '능동적인 휴식(Active rest)'을 취함으로써
기분이 전환되어, 효과적으로 시간을 사용할 수 있습니다.

업무 종료시간인 18시쯤, 퇴근하는 사람이나 출근하는 사람으로 사무실은 몹시 어수선합니다. 뭔지 모르게 사내의 공기 흐름이 느려지기도 하고, 술렁거리기도 합니다. 그대로 잔업으로 들어가면, 아무래도 긴장감이 없이 느슨해진 기분으로 업무를 보기 쉽습니다.

물론 사람에 따라서는 상사가 일을 끝낼 때까지 기다리지 않으면 안 되기도 합니다. 선배보다 빨리 퇴근해서는 안 되고, 정시 퇴근하면 의욕이 없는 사원이라고 인식되어 버리며, 잔업 하는 것은 당연하고, 잔업을 하지 않으면 업무량이 너무 많아서 끝나지 않는다고 말하는 등 각각의 사정이 있을 것이라고 생각합니다.

그래서 잔업시간에도 집중하여 효과적으로 업무에 임하기 위한 루틴을 소개합니다.

잔업시간이 되면 일단 건물을 나와 사내 산책을 합니다. 이것은 일종의 '액티브 레스트Active rest, 능동적인 휴식 = 몸을 움직이면서 피로를 푸는 방법로, 기분을 전환하는 효과도 있습니다.

장시간 사내에 그대로 머물러 있으면 시간의 경과를 느끼기가 어렵고, 마치 시간이 영원히 있는 것처럼 착각하게 되어 업무가 느슨해지며, 잔업이 장시간으로 연결되기 쉽습니다. 사내를 걷다 보면 움직임이 없는 채 앉아만 있을 때보다 업무를 바라보는 시점이 높아지고, 시야도 넓어지기 때문에 '그래, 그 안건은 A씨에게 부탁해 보자', 또는 'B씨와 의논해 보자' 등등 생각지 못했던 발상을 떠올려 낼 수도 있습니다. 또 평소 여간해서 이야기하지 않던 사람과 잡담을 통해 정보 수집도 가능하고, 업무의 힌트를 얻을 수도 있습니다.

여유가 있을 때는 아무런 용무가 없어도 바깥 공기를 호흡하기 위하여 회사 주위를 한 바퀴 산책하는 것만으로도, 아주 훌륭한 재충전Refresh이 됩니다. 커피나 홍차를 마시러 가도 좋고, 잔업을 같이하는 동료와 함께 초콜릿을 사러 가기도 합니다.

몸을 움직여 긴장을 풀면 뇌로 가는 산소 공급량이 증가하기 때문에, 아이디어를 내기 쉬워지는 보너스도 따라옵니다. 잔업을 한다고 하더라도 '능동적인 휴식Active rest'을 취함으로써 효과적으로 시간을 사용할 수 있는 것입니다.

ROUTINE 40~50

강화

ROUTINE

40

기분 좋은 하루 시작, 목표를
손가락으로 가리켜라

당신이 이상적으로 생각하는 사람, 목표로 하는 상사의 사진,
당신에게 용기를 준다든지 격려해 주는 트로피나 상장 등을 향하여,
손가락으로 가리키며 확인합니다.

갑작스러운 말이지만, 당신은 꿈이나 목표를 갖고 있습니까?

또 자신의 꿈이나 목표를, 평소에 어느 정도 의식하고 있습니까?

목표를 갖고 있는 사람과 목표를 갖고 있지 않은 사람과는 10년이 지나면 전혀 다른 인생이 된다는 것을 우리는 알고 있습니다.

하버드 대학의 MBA가 "이 대학의 졸업생이 명확한 목표를 갖고 있는가? 어떠한가?"에 대하여 설문조사를 한 연구가 있습니다. '10년 후에 그들은 어떤 인생을 보내고 있는가?'에 관해 추적조사가 행해졌는데, 특히 수입에 관하여 놀랄 만한 결과가 얻어졌습니다.

목표를 갖고 있으나 종이에 적지 않았던 졸업생(13%)의 연 평균수입은 목표를 갖고 있지 않았던 졸업생(84%)의 약 2배였고, 목표를 종이에 적어 놓았던 졸업생(3%)의 연 평균수입은, 나머지 졸업생들(97%)의 10배나 되었습니다.

이것은 '명확한 목표를 갖는다'는 것이 중요한 요소임을 단적으로 나타내고 있습니다. 이 목표의 힘을 아침에 살려 보십시오.

아침에 좋지 않은 기분으로 집을 나서는 것은 흔히 있
는 일입니다. '어쩐지 오늘은 상태가 좋지 않다', '오늘의
기획서 작성은 힘들겠네…', '매일같이 잔업을 해도 일이
줄지 않아서 피곤해 죽겠네' 등 기분이 축 처진 채로 하루
를 출발하면, 말 그대로 힘들어 죽을 것 같은 하루를 보내
게 됩니다.

그래서 실행해 보면 좋은 것이, 기상하면 즉시 실행하
는, '골목적지을 향하여 손가락으로 가리키면서 확인한다'
는 루틴입니다.

손가락으로 가리키는 것은 당신이 목표로 하는 사람의
사진, 동경하는 사람이 쓴 책, 당신의 꿈이나 목표를 적은
종이, 당신에게 용기를 주거나 격려해 주는 트로피나 상
장 등입니다. 그것을 향하여 전동차의 차장들처럼 오른손
사용하는 손가락으로 '짝' 가리키면서 확인합니다. 단지 이
것만으로 당신이 목적으로 하는 방향, 가고 싶은 미래에
초점을 맞출 수가 있습니다.

전동차의 차장이 반드시 '손가락으로 가리키며' 확인하
는 것에는 이유가 있습니다.

'손가락으로 가리키는' 것에는 실로 굉장한 효과가 있습
니다. 단지 골목적지을 '보고' 확인하는 것보다도, '손가락으
로 가리키는' 행위를 통해 자연적으로 가리키는 손가락 끝

으로 '의식'이 향하기 때문입니다.

이 '손가락으로 가리키는' 루틴은, 당신에게 용기를 주는 것이 집에 없을 경우에도 가능합니다. 그럴 때는 당신의 기분이 좋아지는 방향뇌 과학에서는 오른쪽 상단이나, 동경의 대상이 있는 방향을 향해 손가락으로 가리켜 보십시오.

이 '손가락으로 가리키는' 루틴을 행할 때의 골은, 일생의 목표와 같은 커다란 목표가 아니라도 괜찮습니다.

'오늘의 발표Presentation를 반드시 성공적으로 끝내겠다', '마치면 시원한 맥주 한 잔 마셔야지!' 등의 작은 골에도 충분히 효과가 있습니다. 그런 경우는 당신이 실제로 발표를 하는 장소의 방향, 시원한 맥주를 마시는 가게가 있는 방향을 향하여 손가락을 가리킵니다.

사람은 '그곳으로 간다!'는 골이 정해지면, 억지로 긴장감을 올리지 않아도 아랫배 밑바닥단전에서 자연히 힘이 솟아나게 됩니다. 회사나 상사로부터 지시받은 것이 아니고 '나 자신이' 스스로의 골을 설정함으로써 주위의 상황에도 좌우되지 않게 됩니다. 루틴으로 이 감각을 깨워 부디 억지로 힘을 들이지 않아도 자연적으로 힘이 솟아 나오는 느낌을 살려 보십시오.

ROUTINE

41

즐거운 오프닝 테마 곡으로
아침을 열어 보자

아침에 일어나기가 어려운 분은 아침에 눈을 뜨면 에너지가 흘러넘치는
'오프닝 테마 곡'을 듣고 뇌를 깨워 봅시다.

"달걀이 먼저인가, 닭이 먼저인가"와 같은 말이 되겠습니다만 '아침에 일어나기가 힘들다'라는 이유로 언제까지나 이불 속에 있으면, 더욱더 '아침에 일어나기가 힘들어지는 사람'이 됩니다. 뇌는 몸을 움직임으로써 자극을 받아 활동하기 시작하게 되어 있습니다.

뇌 과학적으로도 의욕을 살리는 요령은 '몸을 움직인다'는 것입니다. 뇌에는 '측좌핵側坐核'이라 불리는 의욕 스위치가 존재합니다. 측좌핵은 자극을 받으면 도파민을 분비합니다. 이것이 의욕의 원천입니다. 그렇지만 이 측좌핵은 외부로부터 자극이 없으면 활동하지 않습니다. 그 자극은 몸을 움직이는 것입니다. 결국 아무리 잠이 와서 졸리더라도 '에잇' 하고 각오를 단단히 하고 이불에서 벌떡 일어날 수 있는 사람은, 결과적으로 '아침에 강한 사람'이 되는 것입니다.

벌떡 일어나기 위해서는 '아, 졸려. 그래, 조금 더 자자'로부터 '졸려, 그래서 더욱 지금 당장 일어나자!'라는 행동 회로를 만들면 좋습니다. 그러기 위하여 제일 먼저 이불에서 일어나 간단한 행동을 하는 것입니다. 여기서 당신에게 권하고 싶은 것은 '당신의 오프닝 테마 곡을 듣는다'라는 루틴입니다. 몸을 움직이고, 리듬이나 박동을 느낌으로써 '아침이다! 일어날 시간이다!'라고 뇌를 자극합니다.

선곡은 AKB48의 '사랑하는 포춘 쿠키'와 같이, 리듬에 맞추어서 춤추고 싶어지는 빠른 템포의 곡Up tempo number 으로 하십시오. 멜로디는 말보다도 직접적으로 뇌에 작동 하기 때문에, 하루를 기분 좋게 시작할 수 있는 곡으로 한 정해 보십시오. 투혼주입계闘魂注入系의 곡도 추천합니다. 저의 고객 중에는 영화 '록키Rocky'의 테마곡인 'Gonna Fly Now'빌 콘티(Bill Conti) 작곡를 매일 아침에 듣는 분도 있습니다.

아무리 좋아해도 쇼팽의 '이별의 곡'이나 베토벤의 '운 명' 등 슬퍼지거나 기분이 무거워지는 종류의 곡은 피하는 것이 좋습니다. '헤어져 버렸다', '사방팔방이 막혀', '실패 해 버렸다' 등과 같은 언해피엔딩Unhappy ending의 곡이 아닌 해피엔딩의 곡 쪽을, 아침에 가장 먼저 듣는 것을 권하는 바입니다.

....

1   2005년에 결성된 일본 여성 아이돌 그룹, '사랑하는 포춘 쿠키戀suru fortune cooky'는 32번째의 싱글 곡 - 옮긴이 주

ROUTINE

42

통근 전동차,
1분 공부시간

전동차를 탄다면 최초의 1분간만은 '당신의 미래에 관련된 공부'를 해봅니다.

매일 매일의 전동차는 무료함의 연속이라고 말하는 사람도 많다고 생각합니다. 당신은 통근 전동차 안에서 무엇을 하고 계십니까? 트위터나 페이스북, 라인LINE을 열어서 지인하고 소통하는 것도 하나의 선택입니다.

그래도 잠시 생각해 보십시오.

실은 통근 중에는 몸만 전동차에 타고 있으면, 그 뒤는 무엇을 해도 자유시간입니다. 이 여유로운 시간을 수동적으로 보내지 말고 부디 '자신을 위해' 적극적으로 활용해 보십시오.

전동차 속의 시간을 유효하게 활용할 수 있을까 못할까를 결정하는 것은 '승차한 직후' 어떻게 시간을 보내느냐에 따라 달라집니다. 활용을 잘하는 사람은 전동차에서 무엇을 할까 '미리 정해 놓고 있다'는 것입니다. 무엇을 할까 사전에 정해 놓지 않으면 '어쩐지', '무료함의 연속이기에' 스마트폰이나 휴대 전자기기를 열게 됩니다.

전동차를 타면, 최초의 1분간만 'OO 공부를 한다'라고 정해 두십시오.

'공부'라고 하면 조금 괴로운 감이 있을까 모르겠습니다만 '야후Yahoo! 뉴스'의 영문판을 읽는 것만으로도 충분히 영어 '공부'가 됩니다.

저의 고객 중 전동차 안에서는 '실용적인 비즈니스 책이 아니라 역사나 문화에 관한 책이나 소설을 읽는다'라고 정해 놓은 분도 있습니다. 이처럼 회사를 위한 것도 손님을 위한 것도 아닌, 당신 자신을 위한 자기 투자를 위하여 시간을 사용하십시오. 개인적으로 흥미가 있고, 당신이 이상적으로 생각하는 미래와 관련된 것에 1분간 집중하여 공부하는 것입니다. 1분이 경과한 후에 기분이 좋으면 그대로 계속하고, 기분이 내키지 않으면 관두면 됩니다.

업무실적을 올리는 사람은 '자기가 하고 싶은 것'이나 '자신에게 중요한 것'은 모두 출근 전의 '아침'에 하고 있습니다.

인간의 뇌는 잠자고 있을 동안에 정보를 처리하기 때문에 아침의 뇌는 맑습니다. 뇌 과학적으로도 뇌 속에 처리 못 한 정보가 축적되어 있는 상태에서는 정보의 정리가 따르지 못해, 창의적 사고가 저지되어 버리는 것으로 알려져 있습니다. 그렇기 때문에 뇌가 맑고 피로하지 않은 아침의 '업무 시작 전'에 '중요한 점을 파악한다'는 것입니다.

단지 1분이지만 '당신의 미래와 연결되는 공부'를 해 두면, 하루의 손실 방지Risk hedge 역할도 하게 됩니다. 그 후 곤란한 문제가 생겨 기분이 상하는 일이 있어도 단시간에 회복될 수가 있습니다. 왜냐하면 가령 '업무'상 실수 나 실패를 했다 해도 '인생'에 있어서는 실패하지 않았다 고 생각되기 때문입니다.

이것을 코칭에서는 "사고 레벨을 올리다" 또는 "추상도 抽象度를 올리다"라고 합니다. 예를 들면, 눈앞의 안건으로 매우 바쁠 때 문제가 발생하면 "아, 안 되겠다"라고 두 손 을 들어 버리는 수도 있습니다. 그럴 때라도 프로젝트 전 체의 시점, 회사 전체의 시점, 업계 전체의 시점, 당신의 경 력 전체의 시점처럼 높은 레벨에서 사고를 하면, 꼭 그렇다 고 믿던 것에서 벗어나 뜻밖의 해결책이 보이게 됩니다.

'일에 지쳤다', '일이 손에 잡히지 않는다' 등일 때야말로 아침에, 업무를 시작하기 전에, 당신의 인생에 있어서 중 요한 '자신에게 투자하는 시간'을 1분이라도 좋으니 확보 해 보십시오. 반드시 근무 중에도 온화한 기분으로 보낼 수 있는 시간이 늘어 갈 것입니다.

ROUTINE

43

최고의 결과를 상상하며
업무를 시작하라

'신규 계약의 제안이 잘되었다', '현안 사항의 착지점이 명확해졌다' 등
그날의 업무에 대하여 최고로 잘 진행된 상태를 상상해 봅니다.

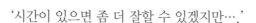

'시간이 있으면 좀 더 잘할 수 있겠지만….'

'이 정도 해 두면 불평은 없을 거니, 괜찮을 거야.'

매일매일의 일은 방심하면 타성에 젖어서 타협해 버리기 쉽습니다. 그러면 '대체 무엇을 위해 일을 하고 있는 것인가'라는 의의도 잃어버리고 맙니다. 일을 강요당하고 있다는 생각이나 겉날리며 일한다는 느낌을 지닌 채 근무시간을 보내게 되면, 같은 시간 동안에 업무를 보아도 업무의 질은 떨어지는데도 불구하고 피로는 늘어 갑니다.

그래서 권하고 싶은 것이 출근 중에 할 수 있는 '최고의 결과'를 상상하는 루틴입니다. 전동차 안에서 '오늘의 업무의 결과'에 대하여 생각하고, 상상하는 습관을 들이는 것입니다.

오늘 업무의 결과는,

'정말로 어떻게 되는 것이 좋을까?'

'그렇게 되기 위하여 무엇을 하면 좋을까?'

라고 자신에게 물어봅니다.

기업 연수 시에는 "오늘 업무의 결과를 이미지화하는 것은 이미 매일 하고 있습니다."라고 말하는 분도 있습니다. 그렇게 말하는 분에게는 "금일만이 아니고 그 조금 앞 '이번 주, 다음 주, 그리고 이번 달'의 착지점에 대하여 '정

STEP 2

R O U T I N E

43

강화

말로 어떻게 하고 싶은가?', '그렇게 하기 위하여 할 수 있는 것은?'이라고 물어보고서 이미지화해 주십시오."라고 말해 주었습니다.

오늘만이 아니고 그 조금 앞의 업무 목표를 이미지화해 보게 되어, 더욱더 업무가 부드럽게 진행된 모양입니다.

미리 목표를 이미지화하여 모의실험Simulation 하는 것을, 코칭에서는 '멘탈 리허설Mental rehearsal, 상상연습'이라고 부릅니다.

상상연습의 효용 중 하나를 든다면, 의욕의 스위치가 켜져서 앞을 향하여 행동할 수 있게 된다는 것입니다. "○○을 하지 않으면 안 돼"라는 의무감 때문이 아니고, 스스로 부풀린 이미지를 통해 보다 주체적으로 매끄럽게 업무에 임할 수 있게 됩니다.

어차피 업무를 수행한다면 효과적으로 시간을 사용하여 질 높은 일을 하는 편이 쾌활하게 있을 수 있습니다. 같은 하루를 보내도 머릿속에 어떤 목표를 그리고 있느냐에 따라서 성과와 결과가 다르게 됩니다. 부디 시도해 보시기 바랍니다.

ROUTINE

44

번거로운 업무, 스타트라인과 데드라인 날짜를 정하자

startline

deadline

즉시 끝나지 않는 업무는 '시작하는 날'과 '끝내는 날' 2개의 마감날짜를 정합니다. 데드라인뿐만 아니라 스타트라인을 설정함으로써, 무리 없이 업무에 착수할 수 있습니다.

지금까지 보아 온 것처럼 기획서나 보고서의 작성, 중장기에 걸친 프로젝트 등 시간도 품도 많이 드는 업무는 뒤로 미루는 편입니다. 이 때문에 마감 직전이 되어서야 겨우 착수한다면 분명히 시간이 부족했다고 할지도 모릅니다.

그것을 피하기 위해서는 업무를 확실하게 '스케줄에 넣기' 위한 루틴의 실행을 권합니다. 구체적으로는 '언제 시작할 것인가'와 '언제까지 끝낼 것인가'의 2개의 날짜를 정하고, 바로 스케줄에 적어 넣는 것'입니다.

대다수의 사람들은 언제까지 제출할 것인가, 보고할 것인가를 데드라인으로 설정합니다. 언제 착수할 것인가 스타트라인을 설정하고 있는 사람은 거의 없지 않습니까?

일반적으로 우리들은 시간에 여유가 있으면 있을수록 작업을 뒤로 미루어 버리고, 최후의 순간까지 버티다가 착수하는 경향이 있습니다. 이것을 '파킨슨의 법칙Parkin's Law[2]'이라고 합니다. 역으로 말해, 타임 리미트Limit, 시한를 정해 놓으면 집중하여 업무를 수행할 수 있습니다. 따라서 스타트라인을 설정하는 이 루틴을 활용해 보기 바랍니다.

....

2 1957년 영국의 행정학자 파킨슨Cyril Northcote Parkinson이 주창한 법칙으로 요약하면 다음과 같다. "일은 그것을 처리하는 데 쓸 수 있는 시간만큼 늘어나게 마련이다." - 옮긴이 주

저는 책이나 원고를 집필하거나, 새로운 프로젝트의 시작 등 시간과 품이 많이 드는 작업일수록 2개의 날짜를 설정하도록 하고 있습니다.

'언제 시작할까'를 설정하는 것으로, 업무를 뒤로 돌린다든지 방치하고 있는 듯한 감각으로부터 자유로워져, 일보 전진한 산뜻한 감을 맛볼 수 있습니다. 정신위생상 좋은 컨디션도 유지할 수도 있기 때문에 권하는 바입니다.

또 점장들을 연수할 때 이 루틴을 소개하자 스타트라인이 명확해 "직원들의 진척사항을 파악하기 쉬워졌다"라고 전해 준 분도 있습니다. 여러 가지 경우에도 응용할 수 있는 루틴입니다.

45

사과에도 연습이
필요하다

갑자기 "사과하라"는 말을 들어도 실행하기 어렵기 때문에,
우선은 사과하는 연습을 합니다. 사과하는 연습을 함으로써
'좋아, 이번은 진짜야'라면서 마음에 다짐을 합니다.

업무를 하다 보면 실수나 트러블 등으로 무조건 사과하지 않으면 안 될 때가 있습니다. 사과하러 가는 것은 마음이 무겁고, 운 좋게 유야무야하고 싶은 마음도 모르는 바 아닙니다. 그렇지만 시간이 지나면 지날수록 악화되기도 합니다. 문제가 발생하면 되도록 빨리 사과하는 편이 효과가 있는 것 같습니다.

우리들이 '사과'하는 것을 귀찮다고 느끼는 데에는 두 가지 이유가 있습니다.

첫 번째는 '사과에 익숙'하지 않기 때문입니다.
두 번째 이유는 어정쩡한 사과로 인해 상황을 더욱 악화시킬 가능성이 있기 때문입니다.

익숙하지 않다는 것은 연습하면 되는 것입니다. '사과의 연습'을 할 때에는 상대방의 입장에서 생각해 봄으로써, 불에 기름을 붓는 것과 같은 사태를 피할 수 있습니다.

사과의 연습은 2단계로 나누어 합니다.
먼저 간결하게, 잘못했다는 사과의 마음을 담아 '정중례'를 하는 연습을 합니다. 일본의 아름다운 동작을 활용한다면, 상대방의 눈을 보면서 "정말로 드릴 말씀이 없습니다"라고 말하고, 크게 몸을 숙여 절을 하는 것입니다.

성의가 결여된 사과 인사를 하면서 동시에 "드릴 말씀이 없습니다"라고 말하면, 사과의 뜻이 제대로 전달되기 어렵습니다.

다음으로, 거울 앞에서 자신이 사과하는 모습을 비춰 보십시오. '상대방이 본다면 어떻게 느낄까'를 확인하기 위해서입니다. '불쾌한 생각을 확대시키지는 않을까', '자신이 상대방이라면 어떻게 사과하면 조금은 노여움을 줄일까'를 체크합니다. 이것을 코칭에서는 '메타인지Metacognition'라고 합니다.

사람은 너무 깊이 생각하면 동작이 멈추어 버립니다. 마음이 무거울수록 '생각하고 난 후 행동한다'보다, '우선 행동하고 나서 생각한다'면 매끄럽게 착수할 수 있습니다. 반복이 되겠습니다만, 뇌의 의욕 스위치 '측좌핵'을 작동시키는 요령은 '먼저 움직이기 시작한다'는 것입니다.

사과하는 연습을 함으로써 '좋아, 이번엔 진짜로 하자!' 하고 실감나게 마음을 정하게 됩니다.

ROUTINE

46

상사의 사진으로
적당한 긴장감 만들기

산뜻!

상사의 부재로 긴장이 너무 풀려 버려서 업무에 집중되지 않을 때는,
적당한 긴장감을 갖기 위하여 '이런 사람이 되고 싶다'고 동경하는
롤 모델인 사람의 화상이나 사진을 봅니다.

상사가 종일 부재중일 때는 어떻게 보내고 있습니까?

'이때다' 하고 내내 긴장하고 있던 기분을 풀고 여유롭게 보낼 수도 있으며, 평소보다 잡담이 길어지기도 하고, 보통 때보다 페이스를 늦추어서 업무를 볼 수도 있지 않을까 생각합니다.

다만 종일 느슨하게 있어서는 안 됩니다. 또 자유계약Freelancer으로 일하는 분이라면 대체로 상사가 없는 것이 기본입니다.

STEP 1에서도 말했듯이 우리들이 의욕을 잃거나 업무가 더 이상 진척되지 않는 정신적 요인 중 하나가, 너무 긴장하거나 너무 긴장이 풀려 버리기 때문입니다. 사람이 업무에 집중하기 위해서는 적당한 긴장이 필요합니다. 결국 상사가 부재중이어도 업무의 실적을 올리기 위해서는 적당한 긴장이 있는 편이 좋습니다.

그럴 때 실천하는 루틴이 "이런 사람이 되고 싶다"라고 생각하는 롤 모델로, 제 식으로 말하자면 '나의 상사'의 화상畵像을 바라보는 것입니다. 얼굴을 보는 것만으로 시원시원하고 야무진 기분을 갖게 해 주는 그런 사람이면 좋겠습니다.

예를 들어, '이상적인 상사'明治安田生命 조사의 랭킹에 예년 상위에 랭크되는 유명한 야구선수 이치로鈴木一朗, 일본 테니스계의 유명인 마츠오카松岡修造 씨, NHK 기자 출신으로 신뢰받는 논객 및 해설자인 이케가미池上彰 씨, 그리고 타카라츠카 출신의 유명 영화배우 및 탤런트인 텐가이天海祐希 씨 등, 프로 의식이 높고 자신에게도 엄격할 것 같은 사람들이 축 늘어져 지팡이나 짚고 서 있는 자신의 모습을 본다고 하면… 움찔하지 않겠습니까?

저의 고객 중에는 역사상의 위인이나 양친, 중학생 때 신세를 졌던 담임선생님을 '나의 상사'로 삼고 있는 분도 있습니다. 나의 상사의 얼굴 그림을 휴대폰 저장화면으로 하기도 하고, 책상 서랍 속에 넣는다든지 스케줄 수첩에 넣는 분도 있습니다.

나의 상사를 보면서 문득 생각합니다.

'저렇게 재능이 풍부하고 결과를 내고 있는 분들도 노력에 노력을 하고 있는데, 나 자신은 아직 멀었구나.'

스스로 행동이 변화될 것입니다.

ROUTINE

47

밀착취재되는 느낌으로
긴장감 되찾기

상사의 부재로 기가 빠져 느슨해지려고 할 때는,
자신이 다큐멘터리 프로그램에 밀착취재되고 있는 기분을 가져 본다.

상사 부재중 성과를 올리고 싶을 때의 또 하나의 루틴은, 일본 MBS에서 방송하는 밀착 취재 형식의 프로그램인 '정열대륙情熱大陸'이나 NHK에서 일류 프로들의 업무를 철저하게 파헤치는 프로그램인 '프로들의 업무격식'과 같은, 당신이 좋아하는 다큐멘터리 프로에 밀착취재되고 있다고 상상하는 것입니다. 누구라도 알고 있는 인기 프로의 카메라가 비치면, 평소보다도 액셀을 쿡 밟고 본격적인 모드로 들어가게 됩니다.

'보이고 있다'는 의식, 사람의 시선은 사람을 성장시켜줍니다. 확 눈에 잘 띄지도 않던 탤런트가 인기와 더불어 세련되게 변해 가는 비밀은, '이 사람 굉장해'라는 시선이 집중되고 있기 때문입니다.

이것을 심리학에서는 '피그말리온 효과Pygmalion effect'라고 합니다. 피그말리온 효과라는 것은 '이 사람 굉장해'라는 기대가 주어지면, 사람은 발전하여 기대대로의 성과를 내는 경향이 있다는 것입니다. 미국 하버드 대학 로젠탈Robert Rosenthal 박사[3]의 연구로 실증되고 있습니다. 반대로

....

3 1968년 하버드 대학 심리학과 로버트 로젠탈(Robert Rosental) 교수는 샌프란시스코의 한 초등학교 학생 20%를 무작위로 뽑아 담임교사에게 명단을 전달하며 이 아이들의 지능지수가 높다고 말했다. 8개월 뒤에 명단에 있던 학생의 성적은 실제로 상승했다. 담임교사가 해당 학생들에게 관심과 기대를 보였고, 그들이 이에 부응하기 위해 노력하는 과정에서 성적이 향상된 것이다. 이를 '로젠탈 효과'라고 한다. ─ 옮긴이 주

'이 사람은 안 돼' 하고 기대하지 않으면 성과가 낮아지는 것을 '골렘 효과Golem effect'라고 합니다.

　이것은 우리들 비즈니스맨에게도 해당됩니다. '이 사람은 일을 잘한다, 이 사람은 프로다'라는 시선을 받음으로써, 적당한 긴장이 생겨 우리들은 단련되어 가는 것입니다. 이와 같은 이야기를 하면 "어차피 자신은 회사에서 기대하지도 않고…, 동경의 눈길로 봐 주는 사람들도 없다"라고 실망하는 분도 있을지 모릅니다.

　그러나 안심하십시오. 예를 들어, 누구로부터도 기대되고 있지 않다고 해도, '다큐멘터리 프로에서 밀착 취재되고 있는 듯한', '기대되고 있는 듯한' 시선으로도 충분히 효과가 있습니다. 많은 관객이나 취재진들이 보고 있다고 생각하면 절대로 느슨해지지 않습니다. 부디 시험해 보기 바랍니다.

ROUTINE

48

매너리즘 탈출,
업무 개시 선언을 하라

너무 이완되어서 업무가 더 이상 진척되지 않을 때는
"지금부터 ○○의 일을 하겠습니다!"라고 주위에 선언합니다.
유언실행(有言實行)을 하고 업무를 시작하십시오.

ROUTINE

48

강
화

STEP 2

업무의 매너리즘화는 업무가 맥 빠지는 원인 중 하나입니다. 일단 업무에 익숙해지면 익숙함과 더불어 긴장이 너무 풀려서, 여간해서는 업무가 진행되지 않을 수도 있습니다. 그럴 때는 업무에 스위치 온switch on 하기 위하여, 주위 사람들에게 '자신이 할 일을 선언한다'는 루틴을 시험해 보십시오.

주위 동료로부터의 압력을 '또래동료 압력Peer pressure'이라고 합니다. 이 심리적 압력은 좋은 영향을 미칠 수도 있고, 나쁜 영향을 미칠 수도 있습니다. 예를 들면, 자신은 업무가 끝나서 정시에 퇴근할 상황인데도, 다른 직원들이 늦게까지 잔업하고 있는 것에 휩쓸려 어쩔 수 없이 잔업을 해버린 일이 있지 않은지요? 이것은 누군가에게 확실하게 지시받은 것은 아닌데도 '주위와 맞지 않으면 안 된다'는 심리적 압력에 압도된 것입니다.

한편 이 루틴에서는 심리적 압력을 좋은 방향으로 활용합니다. '주위에 선언했기 때문에 열심히 하자', '주위에서 응원해 주기 때문에 해 보자'고 생각하여, 자신에게 적당한 압력을 가하는 것입니다.

업무를 보는 사람이 한 명뿐이거나, 동료에게 선언하는

것은 허들^{장애}이 너무 높다고 생각하는 분은, SNS에 '업무 개시 선언'을 하는 것도 좋은 방법입니다. 이해관계가 없는 친구나 지인이기 때문에, 순수한 마음으로 여러분을 응원해 줄 것입니다.

　"열심히 하세요!"
　"응원하고 있습니다."
　"저도 지금 분투 중입니다."
　등의 메시지가 도착하면 기쁘기도 하고 격려도 됩니다.

49

사무실 이외의 장소에
앵커링Anchoring 하기

직장 이외에 사외 사무실을 가져 봅니다. 가게뿐만 아니라, 마시는 음료나
좌석까지도 정해 놓으면 바로 업무에 집중할 수 있습니다.

저는 '1분간 행동 혁신이노베이션 통신 월요판'이라는 메일 매거진을 매주 발행하고 있는데, 집필하는 곳은 '바로 그 카페'라고 장소를 정해 놓고 있습니다. 매주 같은 시간에 같은 장소에 감으로써 자동적으로 업무 모드에 들어갈 수 있어서 사무실에서 쓰는 것보다도 자연스럽게 쓸 수 있기 때문입니다. 쓰는 것이 끝나기까지는 식사도 하지 않으며, 집필이 끝나면 자축하는 의미로 아주 좋아하는 '오쿠라小倉 토스트를 먹는다'는 루틴을 정해 놓았습니다.

그리고 또 '마음의 휴식을 갖는 유유자적하는 장소'와 '업무를 보는 장소'는 극단적으로 구분하도록 합니다. 자신의 '사외 사무실'로 사용하고 있는 가게는 휴일 등 쉬는 날 가족과 함께 이용하지 않도록 하고 있습니다. 또한 업무 모드일 때는 '블랙커피만을 마신다'고 정해 놓았습니다. 장소와 음료로 업무 모드로 들어가는 '닻 내림앵커링, Anchoring'을 만들어 놓은 것입니다.

닻 내림은 오감의 정보를 계기로 특정 조건반사가 일어나게 하는 과정프로세스을 만드는 것입니다. '학창 시절에 자주 듣고 있던 곡을 길거리에서 우연히 듣게 되면 첫사랑 생각이 난다'라는 것은 자연적으로 생긴 앵커링입니다. 이와 같은 조건반사를 의식적으로 만들 수도 있습니다.

사무실 이외의 장소에서 업무를 볼 때에는 '가게'나 '음료'를 고정해 둡니다. 그리고 그 가게에 들어가면 즉시 업무를 시작하도록 합니다. 그러면 그 가게에 가는 것만으로도 자동적으로 업무 모드가 시작됩니다. 이것이 바로 업무에 집중하는 앵커링입니다. 홍차를 즐기는 분은 '얼 그레이, 설탕과 밀크는 빼고' 등으로 세세한 것까지 정해 놓으면 더욱 좋습니다.

저의 고객 S씨는 원고의 집필이나 아이디어를 정리하는 등 혼자서 집중할 때와 협의 등을 할 때 사외 오피스의 가게를 구분하여 이용합니다. 업종이나 직종에 관계없이 당신만의 은신처로서 혼자 틀어박힐 수 있는 공간을 확보해 놓으면 업무도 순조롭게 될 것입니다.

ROUTINE

50

모래시계 앱으로
나만의 카운트 다운을 하라

업무 종료 30분 전이 되면, 모래시계 앱으로 시간을 재면서
라스트 스퍼트(Last spurt, 마지막 전력질주)를 내 봅니다.

매일매일 닥쳐오는 '업무 종료 30분 전'. 당신은 어떻게 지내고 있습니까?

'종업시간'이란 골결승점이 보여서 안심하며 느슨해져서, 귀가준비를 시작하는 것도 하나의 방법인지 모릅니다. 그러나 마지막 30분에 엔진을 전개하여 전력질주를 하면, 경우에 따라서는 1~2시간 잔업을 하는 것보다도 업무가 순조롭게 진행될 수 있습니다.

이때 집중력을 지탱해 주는 것이 '모래시계 앱'입니다. 가까이 있다면 진짜 모래시계를 사용해도 좋지만, 최근에는 스마트폰의 앱인 '모래시계Best sand time', '보고 즐기는 모래시계 타이머' 등 편리한 도구툴들이 있습니다. 소리, 진동, 빛의 점멸로 끝남을 알려 주기 때문에 주위의 신경을 쓰지 않고 활용할 수 있습니다.

마치는 시간을 의식하여, 모래시계로 카운트다운을 하면서, 조금이라도 좋으니 어려운 일에 손을 대어 놓습니다. 어려운 안건에 대해 끝낼 시간을 정하지 않고 달려들면 시간도 집중력도 소비해 버리지만, 라스트 30분이라고 한정하면 시간적, 정신적으로도 부담 없이 가벼운 마음으로 시작할 수 있습니다.

저의 고객 중에는 이 마지막 30분을 활용하여 기획서의 대략적인 초안을 완성하는 분도 있고, 내일의 아주 중요한 과제를 조금 손댄다는 분, 미루고 있던 안건을 시작한다는 분도 있습니다. 뇌 과학자가 실시한 실험에서도 적절한 정도의 제한 시간을 설정한 때가 시간 제약이 없을 때보다 뇌가 활성화된다고 밝히고 있습니다.

같은 업무를 짧은 시간 내에 처리할 수 있게 되면 업무의 능력이 올라갈 뿐만 아니라 인생의 가처분 시간이 증가합니다. 그렇게 되면 선택의 종류가 현격히 증가합니다. 업무에 탄력성을 가하여_{강약을 조절하여} 휴식하는 것도, 걱정하던 안건에 대하여 시간을 들여 조사하는 것도 가능합니다. 또 빨리 귀가하여 업무 이외의 것에 시간을 사용할 수도 있습니다.

업무 종료 30분 전부터 나의 카운트다운을 부디 시험해 보기 바랍니다.

루틴을 계속하면

인생은 반드시 호전된다

Routine actions
makes a difference
in your life.

루틴을 계속하면
선순환이 일어난다

저는 저 자신이 정말로 하고 싶은 것을 찾고 싶어서, 아들러 심리학을 기초로 한 코칭을 배우기 시작했습니다. 본격적으로 목표실현에 대한 연구를 한 뒤, 현재는 목표실현 전문가로서 제1선에서 활약하는 리더의 정신적 후원자이자, 프로 코치로 독립하고 싶은 사람을 위한 스쿨 운영, 집필, 강연, 연수와 거의 매일같이 목표실현을 위한 지도를 하는 것을 업무로 하고 있습니다.

제가 지금까지 고객에게 실천하도록 지도한 루틴의 수는, 대략 수천 개 이상이 되지 않을까 생각합니다. 그것들은 이 책에서 소개하고 있는 '기성 제품Ready made'의 루틴이라기보다는, 고객과 함께 만들어 낸 '오더 메이드Order made'의 루틴입니다. 이것은 결코 과장되어 있는 것이 아닙니다. 사람에 따라서 한 고객이 수십 개의 루틴을 실천하고 있는 경우도 있습니다.

이와 같이 저 자신이 목표실현에 대하여 진지하게 마주서 온 체험과, 많은 사람을 목표실현으로 이끌어 온 경험에 비추어 자신할 수 있는 것이 하나 있습니다. 그것은 루틴을 계속해 가면 그 사람의 업무만이 아니라 사적인 일이나 인생 전반에 걸쳐 선순환이 일어난다는 것입니다.

'그렇다고 해도 루틴으로 인생마저 변화한다니, 좀 심한데…' 하고 생각할지도 모르겠습니다만, 정말입니다.

"업무가 힘들어서 밤에 잠을 못 잤었는데, 푹 자게 되었습니다."

"거북했던 상사와 스스럼없이 이야기할 수 있게 되었습니다."

"업무상 헤매는 시간이 줄어들었기에, 정시에 퇴근하는 날이 늘었습니다."

"루틴을 사용하기 시작했더니, 영업 성적이 올라가서 기쁩니다."

"지긋지긋한 통근을 하고 있는데도, 별 생각 없이 지나게 되어 자신도 놀랐습니다."

"소원하던 독립 기업이 되었습니다."

"그녀가 생겼습니다."

"가족과 함께 나누는 대수롭지 않은 대화도 마음으로부터 즐거워하게 되었습니다."

등등 조금 수상한 냄새가 나는 선전문구 같지만, 이것들은 고객들로부터 들려온 목소리의 한 예입니다.

그러면 왜 루틴을 계속하면 이와 같이 업무나 개인적인 일을 포함한 인생까지도 변화하는 것일까요.

루틴이 정착되면
에너지의 자가발전이 시작된다

　　루틴이 정착되기 시작하면 지금까지보다 주체적으로 움직이게 됩니다. 즉, 자기 책임하에 움직인다는 것입니다. 환경의 탓, 다른 사람의 탓으로 돌리면 사태는 언제까지라도 호전되지 않습니다. 조금씩 주위의 탓으로 돌려 버리는 자신을 용납하지 않고, '먼저 지금 자신이 할 수 있는 것은 무엇인가?'를 되물으며 자기책임하에 행동하게 되면 인생은 반드시 호전되어 갑니다.

　업무상 문제가 생겼을 때에도 '그때 ○○ 씨가 이렇게 말했기 때문에…', '고객이 너무 신경질적이어서…' 등등, 원인을 다른 사람에게 돌리지 않게 됩니다. 중요한 것은 '지금, 자신이, 어떻게 판단하여, 어떻게 행동할까'를 생각할 수 있어야 된다는 것입니다.

　루틴은 자신이 결정한 행동을 거듭거듭 쌓아 가는 것입

니다. 루틴을 활용함으로써 당신이 컨트롤할 수 있는 것에 초점을 맞출 수 있게 됩니다. 그 결과, 당신의 인생에 주체적인 흐름이 생깁니다. 당신이 주체적으로 업무를 수행하고 있다는 것은, 나아가고 싶은 방향을 향해 시간과 노력을 자기 스스로 기울여서 쏟고 있는 상태임을 말합니다. 즉, 에너지를 자가발전할 수 있다는 뜻입니다.

반대로 에너지를 소비하는 상태는 '시켜서 하는 느낌^{당하는 느낌}'이 있을 때입니다. 지향하는 방향이 정해지지 않은 상태에서 업무를 본다든지, 다른 사람에게 지시를 받은 것을 다만 처리만 한다든지, 주위로부터 방해를 받거나 간섭을 받게 된다든지 하면, 굉장한 장해라는 생각이 들게 되어 움직임이 멈춰버리게 되는 경우가 이에 해당합니다.

똑같은 일이라도 자발적으로 하는 것과, 내키지 않으면서 하는 것은 에너지의 소비도가 다릅니다. 순조롭게 되지 않았을 때는, 에너지 부족이 되기 쉽습니다. 에너지가 부족하면, 모처럼 눈앞에 좋은 업무나 멋진 만남 등의 기회가 생겨도 손을 들어 버리는 상태가 되고 맙니다. 그 결과 다른 사람에게 업무를 넘기든지, '이제 이 일을 그만두고 싶다…' 등의 도망칠 태세가 되어 버립니다. 그러면 성공에 도달하기도 전에 좌절하여 도중에서 끝나 버리는 경험을 반복되게 됩니다.

모든 루틴을 실천할 필요는 없습니다. 당신에게 필요하고, 또 시도하기 쉬운 루틴부터 실천해 보십시오. 그렇게 하여 당신의 의지로 자신을 컨트롤하는 시간을 조금씩 늘려가는 것입니다.

루틴을 계속하면 인생은 반드시 호전된다

루틴을 활용하여 자신의 '진정한 테마(참 주제)'와 마주하자

　　오해를 사기 쉬운 말이지만, 루틴이 없어도 업무 자체는 수행할 수 있습니다. 실제로 세상에는 루틴 없이, 의욕을 컨트롤하지 않고, 맥 빠진 일, 내키지 않는 일, 겉날림 일로 매일매일을 보내는 분도 있을 것입니다.

　그렇지만 이 책을 손에 쥔 당신은 분명히 그렇지 않을 것입니다. 현재의 상태를 바꾸고 싶다, 기분 좋게 업무를 보고 싶다, 조금만 더 지금의 업무에서 성과를 내고 싶다 등으로 '변화'를 기대하며 이 책을 읽었을 것입니다. 그러한 당신이야말로 루틴을 활용하기 바랍니다.

　제가 루틴을 권하는 것은 루틴을 활용함으로써 '당신에게 있어서 정말로 중요한 것'에 시간과 에너지를 쏟을 수 있게 되기 때문입니다. 기분이 축 처진 채로 일하고 있으면 대단한 일을 하지 않아도 피곤해집니다. 그러면 자신의 참_{진짜} 과제와 마주하기도 전에 에너지가 고갈되어 버립니다. 당신에게 있어서 정말로 중요한 것이 눈앞에 나타나도 자기도 모르게 도망치거나 뒤로 미루게 됩니다.

그렇다면 당신에게 있어서 정말로 중요한 것은 어떤 것입니까? 자신이 마주해야 할 **'진정한 테마'**는 사람에 따라서 다릅니다.

"타성으로 하는 것은 아니고, 참된 의미로 창조적인 일을 한다."
"업무를 맡을까 말까에 대하여, 당신 나름의 기준을 만든다."
"당신의 재능을 현직에서 최대한 살린다."
"후배를 육성한다."
"개인플레이가 아니고 팀으로 성과를 내는 경험을 쌓는다."
"소중한 사람_{반려, 자녀, 부모, 친구}과 함께 시간을 보낸다."
"소중한 사람과 보다 깊은 관계를 구축한다."
"자신의 건강에 주의를 기울여 몸을 단련한다."
"업무 이외에 당신의 재능을 발휘할 수 있는 장소를 갖는다."

또, 혹시나 당신의 진정한 테마는 "업무에는 없다"인지도 모릅니다. 다시 묻습니다. '당신에게 있어서, 정말로 중요한 것'이란 어떤 것입니까?

운동선수는 루틴을 사용하여 기능^{Performance}을 발휘하고 승리하는 것이 일차적인 목적입니다. 그렇지만 실제로 승리는 수단이지, 목적은 아닙니다. 예로서, 올림픽 출전선수라도 올림픽에서 메달을 따는 것은 역시 일차적인 목표에 지나지 않습니다. 중요한 것은 '올림픽에서 메달을 땀으로써 무엇을 얻고 싶은가?'인 것입니다.

"미래를 짊어질 어린이들에게 '하면 된다'라는 희망을 갖게 해 주고 싶다."

"자신이 정한 이 길이 틀리지 않았다는 것을 증명하고 싶다."

"후원자가 있어서 경제적 보수를 얻고 싶다."

"스포츠와 관련된 직을 얻고 싶다."

"부모에게 효도하고 싶다."

등등 선수마다 이차적인 목표골, 진정한 테마는 다릅니다. 업무로 이야기하자면 최종적인 목표는 돈을 버는 것, 승진하는 것, 회사에서 인정받는 것 등이 아닙니다. 하물며 보다 효율적으로 빨리 업무를 마치는 것도 아닙니다. 우리들이 평생 함께하여야 할 것은 '일하여 무엇을 얻고 싶은가', 그래서 '자신에게 있어 정말로 중요한 것에 정열을 쏟고 있는가'라는 것입니다.

루틴을 활용함으로써 얻게 된 에너지를 어디에 사용할 것인가가 중요합니다. 당신이 마음 밑바닥에 자리한 정열을 느끼는 것에 시간과 에너지를 쏟을 때, 루틴은 도움이 됩니다. 루틴을 숙달한 후에 참된 업무가 시작되는 것입니다.

결국, 컨트롤할 수 있는 것은 나 자신뿐이다

　　업무상 고객의 요구나 상사의 희망 등 가지가 지의 생각이 교착되면, 자기 자신을 시야에서 잃어버리기 쉽습니다. 생각대로 되지 않는 일투성이고, 과거를 후회하는 일은 누구든 예외가 아닙니다.

　이럴 때 생각해 내면 좋은 것이 '결국, 컨트롤할 수 있는 것은 나 자신뿐'이라는 것입니다. 유대인 정신분석학자 빅토르 프랑클Viktor Emil Frankl은 자신의 나치스 강제수용소 체험을 기록한 책『밤과 안개Night and Fog』에서 우리들에게 중요한 메시지를 전해 주고 있습니다. 사람은 강제수용소라는 극한 상태에 놓인다 해도, "자신이 그 상황을 어떻게 상대해 가는가는 스스로가 컨트롤, 선택할 수 있다"라는 것입니다.

　루틴은 조그마한 습관인지도 모릅니다. 그러나 이 작은

습관의 누적은 당신을 결코 배신하지 않습니다. 인생을 자동차 운전에 비유한다면, 루틴을 한다는 것은 인생의 운전석에 확실하게 앉아 자신의 결단으로 목적지를 정하는 것입니다. 그리고 노선을 정하고, 핸들을 꽉 쥐고 운전해 가는 것입니다. 조수석이나 뒷좌석에 앉아서 불평을 하지 않고, 자신이 책임을 지는 인생으로 변환하는 것입니다.

누구라도 커다란 도전을 하려다가 좌절해 버리는 일이 있습니다. 그러한 때, 우선 행동의 초입에 있는 루틴부터 시작해 보십시오. 이 작은 습관에는 실패가 없습니다.

최종적으로 우리 자신을 변화시키는 것도 본인이며, 변화시키지 않는 것도 본인입니다. 자신의 변화를 통해서만 다른 사람에게 영향을 줄 수 있는 것입니다. 아들러도 말한 것처럼 '지금, 여기, 나'로부터 시작하는 것입니다. '언젠가, 어딘가, 누군가'는 영원히 오지 않습니다.

'실행'이야말로 인생을 변화시킬 수 있는 유일한 금언입니다. '행동'이야말로 미래를 만드는 마지막 부품Piece입니다. 입력Input하는 것도, 생각하는 것도 중요합니다. 그렇지만 완벽하지 않은 자신인 채로도 괜찮습니다. 지금 있는 장소로부터 앞으로 일보를 내딛으며, 행동을 시작해 가면 됩니다.

인생은 처음부터 쭉 변함없이 당신을 기다리고 있습니다. 당신이 어떻게 도전해 올까 하고 기다리고 있는 것입니다. 언제부터 적극적으로 달려들겠습니까? '지금, 이 순간부터' 도전해 가지 않겠습니까? 도전이야말로 인생의 주도권을 되찾는 것입니다.

당신의 인생은 누구를 위한 것입니까? 회사를 위해? 부모를 위해? 상사를 위해? 가족을 위해? 물론 아닙니다. 당신의 인생인 것입니다. 당신이 인생의 주인공인 것입니다. 실제로 행동할 수 있는 것은 한정되어 있을지도 모릅니다. 그렇지만 어떻게 할까, 어떤 의욕을 일으킬까 하는 것은 당신에게 달려 있습니다. 당신은 완전히 자유롭습니다.

앞으로. 한 걸음 앞으로.
당신의 의지로.
행동할 뿐.

에필로그

지금에서야 고백합니다만, 실은 10년 전 저는 별 볼 일 없는 샐러리맨이었습니다. 왠지 마음이 내키지 않는 느슨한 기분이 계속되고, 일요일 밤은 언제나 우울했습니다. 그렇지만 10년 후 저의 매일은 완전히 달라졌습니다. 프로 코치로 독립하여 경영자, 운동선수들에게 정신적인 도움을 주고 있으며, 일부 상장기업의 연수도 하고 있습니다. 과거에 출판한 3권의 책은 8만 부를 넘는 베스트셀러가 되었습니다.

그 별 볼 일 없던 제가 어떻게 하여 이렇게도 변한 것일까요?
비밀은 바로 '루틴'이었던 것입니다. 루틴은 한마디로 말하면 스위치입니다. 루틴을 사용하면 전기 스위치를 넣는 것처럼 순간적으로 좋은 상태가 됩니다. 반대로 루틴을 잊어버리면, 여간해서 기분이 따라 주지 않습니다. 이 루틴의 비밀을 알고 나서는 루틴을 활용하여 매일매일 생활의 질이 높아졌고, 점차 사업도 궤도에 오르기 시작했습니다. 그 결과 저는 자신이 바라는 라이프 스타일을 손에 넣을 수 있게 되었습니다.

두드러진 경험이 없던 저 자신을 돌아보며, 여러분에게 꼭 전하고 싶은 말이 있습니다. 축 늘어진 기분에 사로잡혀 곤란해하고 있는 당신에게…. 당신은 절대로 구제불능이 아닙니다. 단지 루틴의 비밀을 모르고 있을 뿐입니다. 이 작은 습관 '루틴'을 활용해 보십시오. 반드시 월요일이 기다려지는 미래가 손짓하고 있을 것입니다.

루틴을 통해 여러분의 본래 의욕이 최대한 발휘되길 기원하겠습니다.

오히라 노부타카(太平信孝)

학창 시절 남편을 만났을 때 '자연체이고 멋진 사람'이라고 생각했습니다.

반면 국가공무원이었던 저는, 무슨 일이든 완벽하지 않으면 안 된다고 믿고, 부자연스러울 정도로 노력하여 경력을 쌓고 있었습니다. 30세를 넘어서 아이가 생겼을 때, 모든 것이 변화했습니다. 아이 교육에 지치고, 남편과 어긋나며, 업무도 순조롭게 진행되지 않았습니다. 아무리 일을 열심히 해도, 정신력이나 핑계로는 해결되지 않고, 힘에 벅차서 아침마다 울곤 하던 시기가 있었습니다. 퇴근해 집에 돌아오면 업무에 신경이 쓰이고, 업무 중에는 아이가 걱정이었습니다. 무엇을 해도 어중간하여, 집중이 되지 않고, 한숨만 쉬는 매일이었습니다.

그런 제가 변화한 계기가 된 것은 바로 '루틴'이었습니다. 기상하는 순간부터 시간에 쫓겨 아들들의 뒤치다꺼리에 우당탕탕 소란 피우는 아침, 자신만을 위한 드링크 타임을 확보하는 것으로부터 시작되었습니다. 기분에 여유가 조금 생기면서, 업무도, 육아도, 가사도 완벽하게 하고 싶은 생각에 저 자신이 억지로 너무 긴장하고 있던 것을 깨닫게 되었습니다. 거기서부터 조금씩 루틴을 실천하여 자신의 페이스를 되찾게 되었습니다.

'업무상 성과를 내고 싶다', '업적을 올리지 않으면 안 돼' 하면서 필사적으로 생각하며 일하고 있는 분들도 많을 것 같습니다. 또 그 압박감에 눌려 터질 것처럼 되어 괴로워하는 분도 있을지 모르겠습니다. 그러나 본래 업무란 재미가 있는 것입니다. 의무감으로나 강제적으로 하는 일만 아니라면, 일하는 보람이나 충실감을 느낄 수 있기 때문입니다. 업무에 종사하는관계하는 분이라면, 단 1분으로 할 수 있는 작은 습관 '루틴'을 통하여 보다 업무를 즐기고 빛내 주기를 바랍니다. 누구라도 그렇게 될 수 있다고 확신하며 이 책을 집필했습니다.

루틴을 통해 한 사람이라도 더 많은 분이 업무에서 빛나는 순간을 맞이하시기를 바랍니다.

오히라 아사코(太平朝子)

마지막으로, 이 책은 여러분의 도움으로 완성될 수 있었습니다.

이 책을 담당했던 타키瀧啓輔 씨를 비롯하여, 생크추어리Sanctuary 출판사 여러분, 그리고 일러스트를 그려준 세토瀬用尚志 씨에게 마음 깊이 감사드립니다. 또 항상 즐겁게 업무를 할 수 있었던 것은 클라이언트Client 여러분, 동료, 그리고 가족 덕분입니다. 정말로 감사드립니다.

아울러 이 책을 끝까지 읽어주신 독자인 당신에게 무한한 감사를 드립니다.

오히라 노부타카(大平信孝)
오히라 아사코(大平朝子)

옮긴이의 말

이 책은 뇌 과학이나 심리학에 근거한 '루틴'이라고 불리는 간단한 습관으로 '늘어진 기분'을 단숨에 바꾸어, 언제라도 업무모드로 들어갈 수 있는 방법을 설명한 책입니다. '하기는 해야 하는데'라고 생각은 하고 있으면서도 곧바로 시작하지 못하는 것이 우리가 처한 현실입니다.

특히 루틴은 특별한 일부의 사람을 위한 '의식'이 아니고, 뇌 과학이나 심리학에 근거한 '기술'인 것입니다. 기술이기 때문에 누구라도 알면 활용할 수 있게 됩니다. 또한 이 루틴을 익히기 위해서는 돈도 도구도 필요하지 않고, 시간도 걸리지 않습니다. 루틴은 여러분이 지금 당장 실천할 수 있는 간단한 기술인 것입니다.

우리들이 의욕을 잃고, 일이 더 이상 진전이 없는 이유는 자신이 컨트롤할 수 없는 것, 자신이 결정할 수 없는 것에 사로잡히기 때문입니다. 따라서 우리가 컨트롤할 수 있는 것, 행동과 마음가짐에 집중하고 상대방만이 컨트롤 가능한 것은 상대방의 과제로 삼아 경계선을 그음으로써, 우리들이 해야 할 일을 구체화하고, 일의 우선순위나 타이밍, 업무의 정크Junk를 줄이는 등의 행동을 컨트롤하고, 동시에 마음가짐, 즉 긴장을 컨트롤하는 것이 루틴입니다.

루틴의 사전적인 의미는 정해진 일, 일상의 일, 일과, 관례, 차례, 기계적 절차, 틀에 박힌 몸짓, 일상의 정기적인, 기계적인 행동 등입니다. 특히 루틴은 스포츠 심리학에서 자주 나오는 용어로, 규칙적으로 하는 일의 통상적인 순서와 방법을 말합니다. 운동선수들이 최상의 운동 수행 능력을 발휘하는 데 필요한 이상적인 상태를 갖추기 위해 자신만의 고유한 동작이나 절차를 가지는 것을 의미하며, 행동적인 루틴, 인지적 루틴 그리고 이 둘을 합친 종합적인 루틴이 있습니다. 즉 스스로를 어떠한 변수하에서도 올바르게 행동할 수 있도록 마인드 컨트롤을 하는 심리적인 전략입니다.

흔히 루틴과 징크스를 혼용하고 있는데, 이들 둘 다 습관화된 동작 또는 절차를 의미합니다. 하지만 징크스는 부정적인 결과를 피하기 위한 사고와 행동이라고 한다면 루틴은 최상의 수행을 위한 인지적 행동 전략으로, 최적의 컨디션과 감각에 도달하는 지름길이라 하겠습니다.

다행히 이 책에서는 뇌 과학이나 아들러 심리학에 근거하여, 비즈니스에서 많이 접하는 공통적인 상황에서 누구라도 바로 사용할 수 있는 50개의 루틴을 제시하고 있습니다. 그렇다고 해서 이 루틴이 비즈니스맨만을 위한 것은 아닙니다. 현재를 살아가는 우리는 넓은 의미에서 모두 다 비즈니스적인 관계이기 때문입니다. 직장에서 상사와 부하, 학교에서 선생과 학생, 상인과 고객, 관공서에서 공무원과 민원인, 길에서 스쳐지나가는 너와 나, 가정에서 남편과 아내, 나아가서 부모와 자식 사이에도 그렇다고 할 수 있습니다.

이러한 환경 속에서 적당한 긴장감은 최적의 상태와 최고의 결과를 얻기 위하여 필수적입니다. 그리고 이 적당한 긴장감을 유지하기 위한 구체적인 방법으로 제시된 것이 바로 이 50개의 루틴입니다. 따라서 비즈니스맨뿐만 아니고 운동선수를 포함한 현재를 살아가는 모든 사람들도 즉시 활용할 수가 있겠습니다.

헨리 데이빗 소로우는 "하루의 질을 높이는 것이야말로 가장 고귀한 예술이다"라고 말했습니다. 하루가 쌓이면 일 년이 되고 또 그것이 쌓여서 우리의 삶이 되듯이 소로우의 말 중 하루를 인생 또는 삶으로 대치해 보면 "삶의 질을 높이는 것이야말로 가장 고귀한 예술이다"라고 말할 수 있으며, 그 쉽고 구체적인 방법이 바로 조그마한 습관 '루틴'을 활용하는 것이라고 생각합니다.

그뿐만이 아닙니다. 루틴을 계속해 가면, 그 사람의 업무만이 아니고, 사적인 일이나 인생 전반에 걸쳐 선순환이 일어나고, 드디어 루틴이 정착되면 에너지의 자가 발전이 일어나서 도전이라는 인생의 주도권을 되찾을 수 있게 됩니다.

이 책은 일상생활에서도 지속적으로 루틴을 활용할 수 있는 내용을 담고 있으므로 언제 어디에서도 원할 때에 활용할 수가 있겠습니다. 이 책을 읽은 여러분들은 부디 이 조그만 습관 '루틴'을 손에 넣고 생기 넘치는 나날을 보내어 여러분의 삶이 가장 고귀한 예술이 되길 바랍니다.

장영준
| 부산대학교 명예교수, 공학박사

나를 변화시키는 마법의 행동 패턴, 루틴!
일상의 『작은 습관, 루틴』으로
인생의 기적을 만들어 보세요

권선복
| 도서출판 행복에너지 대표

    2017년 노벨 경제학상을 받은 미국 시카고 대학교 부스 경영대학원 교수 리처드 탈러는 2009년 출판되어 베스트 셀러가 된 『넛지Nudge』로 유명합니다. '넛지'는 생활 주변의 물건들에 사소한 장치를 해두고 인간의 행동 변화나 사고의 변화를 이끌어내는 기제를 일컫는 말입니다. '팔꿈치로 슬쩍 찔러준다'는 의미의 '넛지'는 아마도 최근 우리 사회에서 경험한 가장 작은 물리적 변화이면서도 상당히 큰 생활습관의 개선을 가져온 행동심리학의 한 사례가 아닐까 생각됩니다.

그렇게 인간은 아주 작고 사소한 매개체나 행동을 통해서도 삶에 큰 변화를 경험할 수 있는 신비롭고 오묘한 존재입니다. 그리고 이 커다란 변화를 일으킬 수 있는 의외의 사소함을 아는 사람이 그리 많지 않다는 것에 또 한 번 놀라게 됩니다. 같은 교실에서 똑같이 공부해도 다른 성적, 같은 회사에서 똑같이 근무해도 다른 성과, 심지어 같은 시간표대로 같은 선수촌에서 똑같은 훈련량을 소화하는 국가대표들까지도 성적에 차이가 나는 것을 보면 뭔가 남모를 비밀이나 노하우가 있는 것이 틀림없습니다.

그런데 그 사소한 변화를 가져오는 계기를 알아차리고 이용해 낼 수 있는 사람은 의외로 많지 않습니다. 우리는 천재를 두고 말 그대로 신이 인간에게 내린 선물 같은 축복을 받았다고 생각할지 모릅니다. 그러나 우리에게는 신이 일상 속에 감춰놓으신 또 다른 축복이 있습니다. 그것이 바로 삶 속에서 '늘어진 기분을 단번에 바꾸는' 『작은 습관, 루틴』입니다. 이 신의 축복을 찾아내는 분은 일상과 업무의 모든 부분에서 기적을 경험하시리라 장담합니다. 부디 여러분들의 삶에 루틴을 적용해 행복을 증폭시키는 커다란 변화를 경험해 보시기를 기원합니다.

장누수가 당신을 망친다

후지타고이치로 지음 | 값 17,000원

책 『腸(장) 누수』가 당신을 망친다』에서는 생소한 용어인 장 누수에 관해 소개하고 장 누수로부터 일어나는 각종 문제를 설명하고 있다. 다년간 도쿄대 의대 교수로 재직했던 저자가 스스로 만들어 낸 장 건강을 회복하는 레시피를 담고 있어 자극적인 식습관과 음주로 인해 여러 합병증을 겪는 현대인들에게 새로운 식생활 및 습관을 실천하는 데 지침을 줄 것이다.

코칭으로 나를 빛내라

박은선 지음 | 값 15,000원

스스로 해답을 찾고 나아가야 한다는 점에서 우리 모두는 똑같이 평등한 길을 걷고 있다. 누구나 마음의 안정과 물질적 풍요를 바란다. 하지만 무턱대고 바라는 것과 일정한 항로를 정해놓고 이 세상을 '항해'하는 것은 다르다고 볼 수 있다. 이 책을 통해 우리는 우리 내면의 길을 따라가면서 스스로 묻고 답하는 과정을 통해 나뿐만 아니라 다른 사람에게도 등대가 되어 줄 수 있는 '코칭'의 매력에 빠지게 된다. 스스로 길을 찾고자 하는 모든 이들에게 도움이 될 이야기를 들어보자.

두드려라! 꿈이 열릴 것이다

권익철 지음 | 값 15,000원

이 책 『두드려라! 꿈이 열릴 것이다』의 저자 권익철 원장은 꿈과 희망이라는 화두로 자신에게 최면을 걸었다고 이야기한다. 그는 판금망치 하나를 들고 열악한 자동차 정비공으로서 인생을 시작했으나 꿈과 희망의 최면은 현재 그를 최고의 NLP Master로 만들어 주었다.
꿈을 잃고 방황하는 청춘들에게 이 책이 다시금 심장에 불을 지필 촉매가 되기를 기대해 본다.

하루 5분, 나를 바꾸는 긍정훈련

행복에너지

'긍정훈련' 당신의 삶을 행복으로 인도할 최고의, 최후의 '멘토'

'행복에너지
권선복 대표이사'가 전하는
행복과 긍정의 에너지,
그 삶의 이야기!

인터파크
자기계발 분야 주간
베스트 1위

권선복 지음 | 15,000원

권선복

도서출판 행복에너지 대표
영상고등학교 운영위원장
대통령직속 지역발전위원회
문화복지 전문위원
새마을문고 서울시 강서구 회장
전 팔팔컴퓨터 전산학원장
전) 강서구의회(도시건설위원장)
아주대학교 공공정책대학원 졸업
충남 논산 출생

책 『하루 5분, 나를 바꾸는 긍정훈련 - 행복에너지』는 '긍정훈련' 과정을 통해 삶을 업
그레이드하고 행복을 찾아 나설 것을 독자에게 독려한다.
긍정훈련 과정은 [예행연습] [워밍업] [실전] [강화] [숨고르기] [마무리] 등 총
6단계로 나뉘어 각 단계별 사례를 바탕으로 독자 스스로가 느끼고 배운 것을 직접
실천할 수 있게 하는 데 그 목적을 두고 있다.
그동안 우리가 숱하게 '긍정하는 방법'에 대해 배워왔으면서도 정작 삶에 적용시키
지 못했던 것은, 머리로만 이해하고 실천으로는 옮기지 않았기 때문이다. 이제
삶을 행복하고 아름답게 가꿀 긍정과의 여정, 그 시작을 책과 함께해 보자.

『하루 5분, 나를 바꾸는 긍정훈련 - 행복에너지』